中華古籍保護計劃

ZHONG HUA GU JI BAO HU JI HUA CHENG GUO

·成果·

（漢）應劭　撰

元本風俗通義

國家圖書館出版社

圖書在版編目(CIP)數據

元本風俗通義 / (漢)應劭撰. —北京:國家圖書館出版社,2019.9
(國學基本典籍叢刊)
ISBN 978-7-5013-6700-9

Ⅰ.①元… Ⅱ.①應… Ⅲ.①風俗習慣—中國—東漢時代
Ⅳ.①K892

中國版本圖書館 CIP 數據核字(2019)第 050845 號

書　　名　元本風俗通義
著　　者　(漢)應劭　撰
責任編輯　南江濤
封面設計　徐新狀

出版發行　國家圖書館出版社(北京市西城區文津街 7 號　100034)
(原書目文獻出版社　北京圖書館出版社)
010-66114536　63802249　nlcpress@nlc.cn(郵購)
網　　址　http://www.nlcpress.com
印　　裝　北京市通州興龍印刷廠
版次印次　2019 年 9 月第 1 版　2019 年 9 月第 1 次印刷

開　　本　880×1230(毫米)　1/32
印　　張　9.5
書　　號　ISBN 978-7-5013-6700-9
定　　價　30.00 圓

《國學基本典籍叢刊》編委會

《國學基本典籍叢刊》前言

國家圖書館出版社(原書目文獻出版社 北京圖書館出版社)成立三十多年來,出版了大量的中國傳統文化典籍。由於這些典籍的出版往往采用叢書的方式或綫裝形式,供公共圖書館和大學圖書館典藏使用,普通讀者因價格較高、部頭較大,不易購買使用。爲弘揚優秀傳統文化,滿足廣大普通讀者的需求,現將經、史、子、集各部的常用典籍,選擇善本,分輯陸續出版單行本。每書之前均加簡要説明,必要者加編目録和索引,總名《國學基本典籍叢刊》。歡迎讀者提出寶貴意見和建議,以使這項工作逐步完善。

編委會

二〇一六年四月

序言

《風俗通》，東漢應劭撰。漢唐書籍中，應劭《風俗通》與洼丹《易通論》（世稱《洼君通》）、班固《白虎通》，唐劉知幾《史通》、韓滉《春秋通》（又稱《春秋通例》）並稱『五通』，而《風俗通》與《白虎通》最爲流行。

應劭，生卒不詳，汝南人，《後漢書》稱字仲遠，李賢注云：『《謝承書》《應氏譜》並云「字仲遠」，《續漢書》《文士傳》作「仲援」，《漢官儀》又作「仲瑗」，未知孰是。』漢靈帝時，舉孝廉，後拜太山太守，建安初拜袁紹軍謀校尉，卒於鄴。據《後漢書》，所著有《漢官儀》《中漢輯序》《集解漢書》等。

《風俗通》篇卷問題，各書著録不同。《隋書·經籍志》入雜家，凡三十一卷、録一卷，並稱梁有三十卷。唐馬總《意林》録三十一卷，兩《唐書》子部雜家俱作三十卷。《宋史·藝文志》《崇文總目》《郡齋讀書志》《直齋書録解題》並作十卷，知此時已亡其三之二。北宋蘇頌《校風俗通義題序》稱其據官書校定私本，所見篇章次序同今本，而與南朝梁庾仲容《子鈔》、馬總《意林》所録《風俗通》次第有異。蘇頌雖稱『庾、馬所載篇第，未必當然』，然亦可知北宋十卷本《風俗通》之篇目，其次第與南朝、唐所傳版本已有不同。《風俗通》其餘二十一卷之亡佚，當在北宋，其中亡佚之二十卷之篇名，見於《意林》；另有一卷，內容、篇名俱亡。

此本爲上海圖書館藏元大德九年無錫州學刻本，凡十卷，前有應劭《風俗通義序》《風俗通目録》。應序首頁版心下，鎸『翁子和刊』。目録有目名，無卷名。正文又作『風俗通義』，後爲卷名、卷數，如『風俗通義皇霸卷一』。瞿氏《鐵琴銅劍樓宋金元本書影》著録元大德刻本，有李果序、大德九年謝居仁序、宋嘉定十三年丁黼跋，此本脱。

《風俗通》之書名，《後漢書·應劭傳》與唐前人引此書，多作《風俗通》。而《風俗通》應劭自序、裴駰《史記集解》引皆作《風俗通義》，是知當時人稱引此書，多省略『義』字。四庫館臣以爲《風俗通》與《白虎通》類似，『不知何以删去「義」字，或流俗省文』。該本封面、目録皆作『風俗通』，序與正文皆題『風俗通義』，是一書之中，書名即有不同。

其書體例，一如四庫館臣所言：『各卷皆有總題，題各有散目，總題後略陳大意，而散目先詳其事，以「謹案」云云辨證得失。《皇霸》爲目五，《正失》爲目十一，《愆禮》爲目九，《過譽》爲目八，《十反》爲目十，《音聲》爲目二十有八，《窮通》爲目十二，《祀典》爲目十七，《怪神》爲目十五，《山澤》爲目十九。』凡一百三十四子目。然此元本各卷之目，其數與四庫館臣所見有異，《正失》爲目十、《十反》爲目十六、《窮通》爲目十一，凡一百三十八子目。

王利器校注《風俗通》，稱所據底本爲《四部叢刊》影印元大德本（鐵琴銅劍樓舊藏，今藏國家圖書館），然文字與此元大德本有異，如卷一《五伯》葉五至六『尊事王室之功』，王氏稱『室』作『家』，而此本作『室』；卷九《城陽景王祠》葉四『今條下禁』之『下』，王利器稱原作『丸』，而此元本正作『下』；同葉『靡財妨農』之『靡』，王氏稱底本爲『糜』，此元本亦正作『靡』。由此可知，此本自有其獨特版本價值。

該書題名本意，即應劭自序所稱『通於流俗之過謬，事該之於義理』。全書主旨，即如范曄所言，在『辯物類名號，釋時俗嫌疑』『甄紀異知』，李果序則稱爲『上行下傚謂之風，衆心安定謂之俗，移風易俗在則人，亡則書，此應劭《風俗通》所由作也』。此可知該書與桓譚《新論》、王充《論衡》、班固《白虎通》大致類似。尤其是應劭《風俗通》篇名與所論史事，多同桓譚《新論》。此證王莽之後，對舊史、經説多有歧異，漢人多有以著述『正風俗』『矯時弊』『統異説』者。班固《白虎通》、應劭《風俗通》之所謂『通』，實與桓譚《新論》、王充《論衡》之『論』，具有內在的學術聯繫。如，桓譚《新論》多辨析當時史事與人物才能，《論衡》對經書、讖緯、陰陽五行等事多『疾虚妄』，而應劭《風俗通》則對史事、經學、讖緯、方術等以訛傳訛之言，以『謹按』形式多所辨正。

范曄《後漢書》曾評論《風俗通》曰『文雖不典，後世服其洽聞』『雖云小道，亦有可觀』，王鳴盛《十七史商榷》據此斷應劭爲『漢俗儒』，並稱《風俗通》爲『小説家』。然『洽聞』『可觀』之言，證

《風俗通》實爲『博通』之書，此乃王莽之後，漢儒撰述之學術風氣。又，漢末制度，多出應劭，故《後漢書》稱『凡朝廷制度，百官典式，多劭所立』，以『俗儒』『小説』概括應劭及所著述，有失偏頗。《風俗通》所采先秦兩漢文獻，與史書記載多有互證。如卷四《過譽》『長沙太守汝南郅惲』條，記載郅惲與汝南太守歐陽歙争執事，又見於范曄《後漢書》卷二九《郅惲傳》，然内容互有詳略，對瞭解汝南十月饗會舊俗、人物品鑒與選官方式，有一定史料價值。另晉干寶《搜神記》、范曄《後漢書》，多有同《風俗通》者，是知《風俗通》亦有史實成分。

此本鈐『子清真賞』『復廬瀏覽所及』『結一盧』『結一廬藏書印』『修伯』『朱學勤印』『顧宸之印』『修遠』等三十餘印記，知曾經歷代多人收藏。其中，子清乃清代藏書家朱學勤之子朱澄字，修伯乃朱學勤字，復廬、結一廬皆爲朱學勤藏書樓；修遠乃明末藏書家顧宸字，可知此書曾經明清兩代藏書家所有。封面雖題『宋板風俗通』，實爲元本。

今國家圖書館出版社將此書列入《國學基本典籍叢刊》，據上海圖書館藏元大德本影印出版，實乃學界之幸事。

孫少華

二〇一八年九月

目録

據上海圖書館藏元大德九年
（一三〇五）無錫州學刻本影印
版框高二十三厘米寬十六厘米

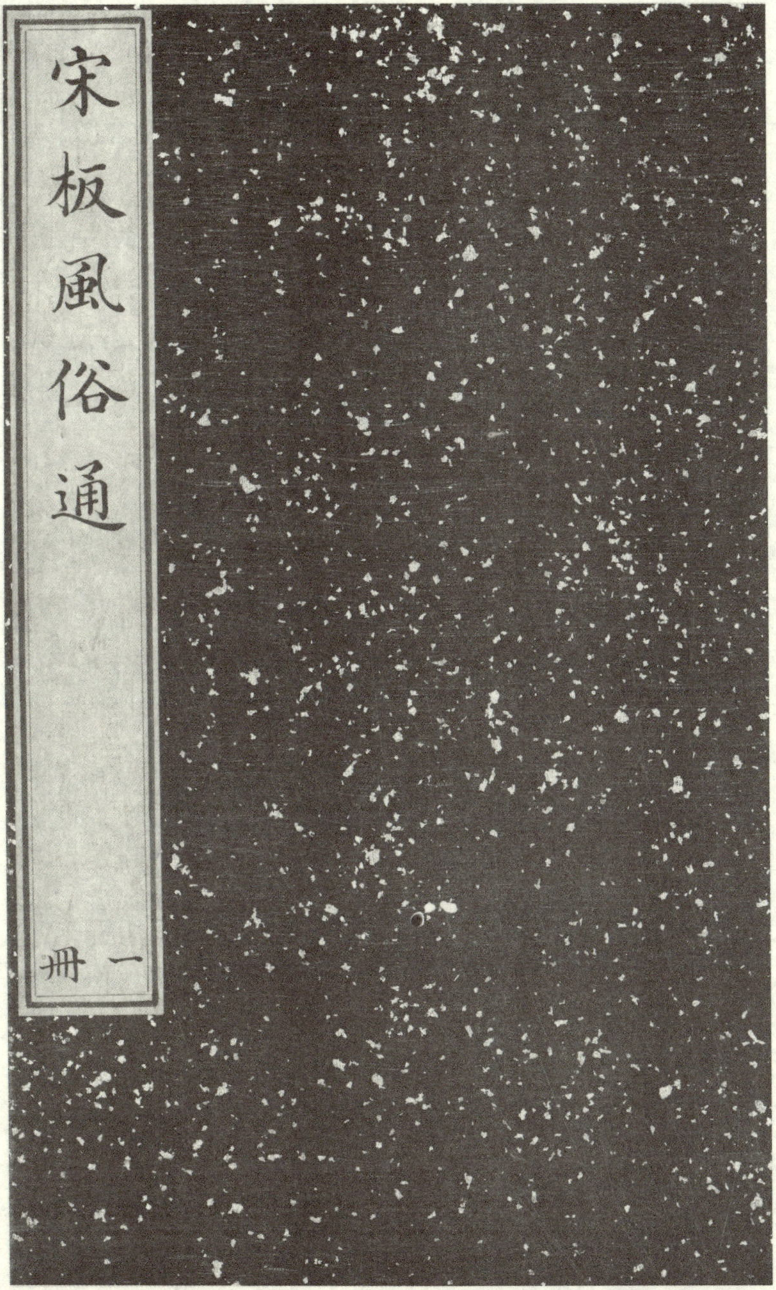
宋板風俗通
一冊

風俗通義序

漢太山太守應劭

昔仲尼没而微言闕七十子喪而大義乖重遭戰國約從連横好惡殊心眞僞紛爭故春秋分爲五詩分爲四易有數家之傳並以諸子百家之言紛然殽亂莫知所從漢興儒者競（一本作竸）復比誼會意爲之章句家有五六皆析文便辭彌以馳遠綴文之士雜襲龍鱗訓註説難轉相陵高積如丘山可謂繁富者矣

而至於俗間行語衆所共傳積非習貫莫能
原察今王室大壞九州幅裂亂靡有定生民
無幾私懼後進益以迷昧聊以不才舉爾所
知方以類聚凡一十卷謂之風俗通義言通
於流俗之過謬而事該之於義理也風者天
氣有寒煖地形有險易水泉有美惡草木有
剛柔也俗者含血之類像之而生故言語歌
謳異聲鼓舞動作殊形或直或邪或善或淫
也聖人作而均齊之咸歸於正聖人廢則還

其本俗尚書天子巡守至于岱宗覲諸侯見百年命大師陳詩以觀民風俗孝經曰移風易俗莫善於樂傳曰百里不同風千里不同俗户異政人殊服由此言之爲政之要辯風正俗最其上也周秦常以歲八月遣輶軒之使求異代方言還奏籍之藏於秘室及嬴氏之亡遺脫漏棄無見之者蜀人嚴君平有千餘言林閭翁孺才有梗概之法揚雄好之天下孝廉衛卒交會周章質問以次注續二十

七年爾乃治正凡九千字其所發明猶未若
爾雅之閎麗也張揖以為懸諸日月不刊之
書予實頑闇無能述演豈敢比隆於斯人哉
顧惟述作之功故聊光啓之耳昔客為齊王
畫者王問畫孰最難孰最易曰犬馬最難鬼
魅最易犬馬旦暮在人之前不類不可類之
故難鬼魅無形無形者不見不見故易今俗
語雖云浮淺然賢愚所共咨論有似犬馬其
為難矣并綜事宜於今者孔子稱幸苟有過

人必知之俾諸明哲幸詳覽焉

風俗通義序

風俗通目録

漢太山太守應劭

第三卷

九江太守武陵威
大將軍掾燉煌宣度
山陽太守汝南薛恭祖
弘農太守河內吳匡
河南尹太山羊翩祖
太原郝子廉
南陽張伯大
公車徵士汝南夏甫
公車徵士豫章徐孺子

第四卷
長沙太守汝南鄧恽
司馬潁川韓稜
太原周黨
汝南陳茂
度遼將軍皇甫規
南陽五世公
汝南戴幼起
江夏太守河内趙仲讓

第五卷

太尉沛國劉矩叔

陽翟令左馮翊田煇

汝南范滂孟博

東郡太守汝南范茂伯

安平相汝南郅朗伯

巴郡太守太山但望伯門

高唐令樂安周紏

豫章太守汝南封祈

河內太守府盧江周景

河內太守司徒潁川韓演

安定太守汝南胡伊伯

宗正南陽劉祖

聘士彭城姜肱

趙相汝南李統

司徒九江朱倀

蜀郡太守潁川劉勝

第六卷

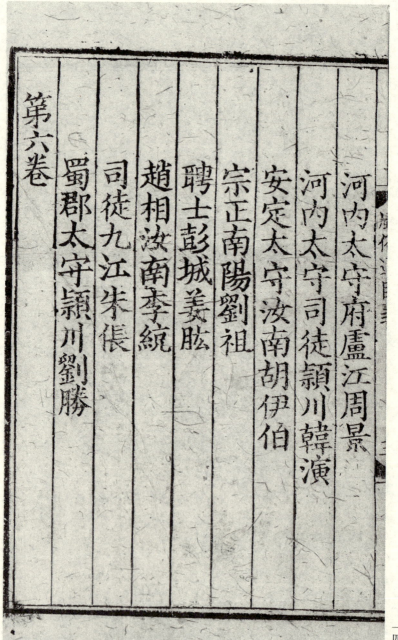

商 角

宮 徵

羽 塤

笙 鼓

管 瑟

磬 鐘

柷 琴

空侯 箏

筑 缶

笛　批把

竽　簧

籥　篪

簫　籟

菰　荻

第七卷

孔子

孟軻

虞卿

第八卷

先農

社神

稷神

靈星

竈神

風伯

雨師

桃梗

葦茭

畫虎

雄雞

殺狗磔邑四門

膢

臘

祖

禊

司命

第九卷

世間多有見怪

世間多有惡夢

城陽景王祠

九江逡遒有唐居山名

會稽俗多淫祀

鮑君神

世間亡者多有見神

李君神

石賢士神

世間多有亡人魄持其家

世間多狗作變恠

世間多有精物

世間多有伐木血出

世間多有蛇作恠者

世間人家多有見赤白光

第十卷

五嶽　四瀆

林　麓

風俗通目録終

風俗通義皇霸第一

蓋天地剖分萬物萌毓非有典藝之文堅基可據推當今以覽太古自昭昭而本冥冥乃欲審其事而建其論董其是非而綜其詳矣言也實爲難哉故易紀三皇書叙唐虞惟天爲大唯堯則之巍巍其有成功煥乎其有文章自是以來載籍昭晳然而立談者人異綴文者家舛斯乃楊朱哭於岐路墨翟悲於練素者也是以上述三皇下記亦國備其終始

曰皇霸

三皇

春秋運斗樞説伏羲女媧神農是三皇也皇者天天不言四時行焉百物生焉三皇垂拱無爲設言而民不違道德玄泊有似皇天故稱曰皇皇者中也光也弘也含弘履中開陰陽布剛上含皇極其施光明指天畫地神化潛通煌煌盛美不可勝量禮號謚記説伏羲祝融神農含文嘉記虙戲燧人神農伏者别

也變也戲者獻也法也伏羲始別八卦以變
化天下天下法則咸伏貢獻故曰伏羲也燧
人始鑽木取火炮生爲熟令人無復腹疾有
異於禽獸遂天之意故曰遂人也神農神者
信也農者濃也始作耒耜教民耕種美其衣
食德濃厚若神故爲神農也尚書大傳說遂
人爲遂皇伏羲爲戲皇神農爲農皇也遂人
以火紀火太陽也陽尊故託遂皇於天伏羲
以人事紀故託戲皇於人蓋天非人不因人

非天不成也神農悉地力種穀蔬故託農皇
於地天地人道備而三五之運興矣
謹按易稱古者伏羲氏之王天下也仰則觀
象於天俯則觀法於地始作八卦以通神明
之德以類萬物之情結繩爲網罟以田以漁
伏羲氏沒神農氏作斲木爲耜揉木爲耒耒
耜之利以教天下日中爲市致天下之民通
其變使民不倦神而化之使民宜之唯獨敘
二皇不及遂人遂人功重於祝融女媧文明之

文見大傳之義斯近之矣

五帝

易傳禮記春秋國語太史公記黃帝顓頊帝嚳帝堯帝舜是五帝也

謹按易尚書大傳天立五帝以爲相四時施生法度明察春夏慶賞秋冬刑罰帝者任德設刑以則象之言其能行天道舉錯審諦黃帝始制冠冕垂衣裳上棟下宇以避風雨禮文法度興事創業黃者光也厚也中和之色

德四季與地同功故先黃以別之也顓者專也頊者信也言其承易文之以質使天下蒙化皆貴貞慤也嚳者考也成也言其考明法度醇美嚳然若酒之芬香也堯者高也饒也言其隆興煥炳最高明也推行道德舜者推也循也言其循堯緒也

三王

禮號謚記説夏禹殷湯周武王是三王也尚書説文王作罰刑兹無赦詩説有命自天命

此文王文王受命有此武功儀刑文王萬國
作孚春秋説王者孰謂謂文王也
謹按易稱湯武革命尚書武王戎車三百兩
虎賁八百人擒紂於牧之野惟十有三祀王
訪于箕子詩云亮彼武王襲伐大商勝殷遏
劉耆定武功由是言之武王審矣論語文王
率殷之叛國以服事殷時尚臣屬何緣便得
列三王哉經美文王三分天下有其二王業
始兆於此耳俗儒新生不能採綜多共辨論

至於訟閬大王王季皆見追號豈可復謂已
王乎禹者輔也輔續舜後庶績洪茂自堯以
上王者也子孫據國而起功德浸盛故造美
論舜禹本以白衣砥行顯名升爲天子雖復
更制不知名著故因名焉經曰有鰥在下曰
虞舜僉曰伯禹禹平水土是也湯者攘也昌
也言其攘除不軌改亳爲商成就王道天下
熾盛文武皆以其所長夫擅國之謂王能制
割之謂王制殺生之威之謂王王者往也爲

天下所歸往也

五伯

春秋說齊桓晉文秦繆宋襄楚莊是五伯也謹按春秋左氏傳夏后太康娛於耽樂不循民事諸侯僭差於是昆吾氏乃爲盟主誅不從命以尊王室及殷之衰也大彭氏豕韋氏復續其緒所謂王道廢而霸業興者也齊桓九合一匡率成王室責彊楚之罪復青茅之貢晉文爲踐土之會修朝聘之禮納襄尅帶

翼戴天子孔子稱民到于今受其賜又曰齊
桓正而不譎晉文譎而不正至於三國既無
歎嚳一言而繆公受鄭甘言置戍而去遠黃
髮之計而遇殽之敗殺賢臣百里奚以子車
氏為殉詩黃鳥之所為作故謚曰繆襄公不
度德量力慕名而不綜實六鷁五石先著其
異覆軍殘身終為僇笑莊王僭號自下摩上
觀兵京師問鼎輕重恃彊肆忿幾亡宋國易
子析骸厥禍亦巨皆無興微繼絕尊事王室

之功世之紀事者一不詳察其本末至書於竹帛同之伯功或誤後生豈不暗乎伯者長也白也言其咸建五長功實明白或曰霸者把也駮也言把持天子政令糾率同盟也桓公問管仲吾何君也對曰狄困於衛復兵不救湏滅乃往存之仁不純爲霸君也盖三統者天地人之始道之大綱也五行者品物之宗也道以三興德以五成故三皇五帝三王五伯至道不遠三五復反譬若循連鐶順鼎耳

窮則反本終則復始也

六國

楚之先出自帝顓頊其裔孫曰陸終娶于鬼方氏是謂女潰蓋孕而三年不育啓其左脅三人出焉啓其右脅三人又出焉其六曰季連是爲芊其後有鬻熊子爲文王師成王舉文武勤勞而封熊繹於楚食子男之采其十世稱王懷王使臣上官子簡斥遠忠臣屈原作離騷之賦自投汨羅水因爲張儀所欺客

死於秦到王負芻遂爲秦所滅百姓哀之爲
之語曰楚雖三户亡秦必楚自顓頊至負芻
六十四世凡千六百一十六載　燕召公奭
與周同姓武王滅紂封召公於燕成王時入
據三公出爲二伯自陝以西召公主之當農
桑之時重爲所煩勞不舍鄉亭止于棠樹之
下聽訟決獄百姓各得其所壽百九十餘乃
卒後人思其德美愛其樹而不敢伐詩甘棠
之所作也九世世稱侯八世世稱公十世稱王到

王喜爲秦所滅燕外廹蠻貊内笮齊晉崎嶇彊國之間最爲弱小幾滅者數矣然社稷血食者八九百載於姬姓獨後亡非盛德之遺烈豈其然乎　韓之先與周同姓武子事晉獻公封於韓原因以爲姓韓厥因卜者之繇陳成季之功紹趙氏之孤建程嬰之義爲晉名卿寔天所相其四代始與趙魏俱得列爲諸侯矣五世稱王到王安爲秦所滅　魏之先畢公高之後也畢公與周同姓武王滅紂

封高於畢因以爲姓其裔孫曰畢萬事晉獻公獻公代魏滅之以封萬卜偃曰畢萬之後必大萬盈數魏大名也天子曰兆民諸侯曰萬民今名之大以從盈數以是有衆不亦宜乎其六世稱侯侯之孫稱王到王假爲秦所滅

趙之先與秦同祖其裔孫曰造父於周穆王爲御驊騮騄耳之乘西謁西王母東滅徐偃王日馳千里帝念其功賜以趙城因以爲姓子叔帶始生周事晉其後簡子地過於

諸侯權重於晉君簡子疾五日不知人大夫
皆懼呼醫扁鵲視之出董安于問扁鵲曰血
脉治也勿怪昔秦穆公嘗如此七日而寤寤
之日告公孫支與子輿曰我之帝所甚樂吾
所以久者適有學也帝告我晉國且大亂五
世不安其後將霸未老而死霸者之子且令
國男女無別公孫支書而藏之秦策於是出
夫獻公之亂文公之霸而襄公之敗秦師於
殽而歸縱淫此子所聞今主君之病與之同

不出三日病必間有言也居二日半簡子寤
語大夫曰我之帝所樂與百神遊於鈞天廣
樂于九奏萬儛不類三代之樂其聲動心有
一熊欲援我射之中熊死有羆來我又射之
中羆死帝甚嘉之賜我二笥皆有副吾見兒
在帝側屬我翟犬曰及汝子之壯也以賜之
帝告我晉國且衰十世而亡嬴姓將大敗周
人於范魁之西亦不能有也董安于受言而
藏之以扁鵲之言告簡子賜扁鵲田四萬畝

他日簡子出有人當道辟之不去從者將刃當道者曰吾有欲謁於主君從者以聞簡子召之曰嘻吾有所見子晰也當道者曰屏左右願有以謁簡子屏人當道者曰主君之病臣在帝側簡子曰然子之見我何爲當道者曰帝令主君射熊羆皆死簡子曰是且何也當道者曰晉國且大難主君首之帝令主滅二卿夫熊羆皆其祖也簡子曰帝賜我二笥皆有副何也當道者曰主君之子將尅二國

於翟皆子姓也簡子曰吾見兒在帝側屬我一翟犬曰及汝子之長以賜之夫兒何說以賜翟犬當道者曰兒主君之子也翟犬代之先也主君之子其必有代及主君之後嗣且有革政而胡服并二國於翟簡子問其姓而延之以官當道者曰臣野人致帝命耳遂不見無幾范中行作亂簡子滅之此熊之効應也簡子卒無卹立是爲襄子智伯攻襄子襄子奔之保晉陽原過從後至王澤見三人自

帶以上不可見與原過竹二節莫通為我以
是遺趙無恤原過既至以告襄子齋三日親
自剖竹有朱書曰無恤余霍太山陽侯大吏
三月丙戌余將使汝反滅智氏亦立我三百
邑余將使賜若林胡之地至于後世且有伉
王赤黑龍面鳥噣鬢眉髭髯大膺大胷脩下
而馮上左任介乘奄有河宗至于休溷諸貉
南伐晉別北滅黑姑襄子再拜受三神之令
三國攻晉陽歲餘乃以汾水灌其城城不沒

者三板城中懸釜而炊易子而食張孟談乃
夜出見韓魏韓魏反與合謀而滅智氏共分
其地於是趙北有代南并知山遂祀三神於
百邑使原過主霍太山至武靈王竟胡服騎
射辟地千里到王遷信秦反間之言殺其良
將李牧而任趙括遂爲所滅此童謡曰趙爲
號秦爲笑以爲不信視地上生毛　陳完字
敬仲陳厲公之子也初懿氏卜妻之其繇曰
是謂鳳凰于飛和鳴鏘鏘有嬀之後將育于

姜五世其昌並于正卿八世之後莫之與京
周史有以周易筮之遇觀之否曰是謂觀國
之光利用賓于王此其代陳有國乎不在此
其在異國非此其身在其子孫光遠而自他
有燿者也厲公爲蔡所滅殺國內亂完奔于
齊齊侯以爲卿辭曰羈旅之臣幸若獲宥及
於寬政赦其不閑教訓而免諸罪戾弛於負
擔君之惠也所獲多矣敢辱高位以速官謗
詩云翹翹車乘招我以弓豈不欲往畏我友

朋使爲工正飲桓公酒樂曰以火辭曰臣卜其晝未卜其夜不敢君子曰酒以成禮弗繼以淫義也以君成禮弗納於淫仁也桓公嘉之愛敬日新位比高國始食田釆姓田氏焉六世田成殺簡公其三世曰和遷康公於海上食一城以祠太公以下後魏文侯乃使使言周天子及諸侯刻言於周室其孫曰威王到王建用后勝之計又賓客多受秦金勸王朝秦不脩戰備秦兵平步入臨菑民無敢格

者遷王建於共國人歌之曰松耶柏耶亡建
共者客耶疾建用客之不詳也
謹按戰國策太史公記秦孝公據殽函之固
擁雍州之地君臣㦯力以窺周室有席卷天
下囊括八荒之意當是之時商君佐之内立
法度務耕織脩守戰之備外恃猛將鋭卒因
閒伺隙略定西河之城南并漢中西定巴蜀
東割膏腴之壤收要害之郡諸侯恐懼會盟
而謀不愛尊爵重寶以致天下之士當此之

時齊有孟嘗趙有平原楚有春申魏有信陵
夫四豪者皆明智而忠信寛厚愛人兼韓魏
燕趙宋衛中山之衆其後復有甯越蘇秦杜
赫之屬爲之謀陳軫召滑樂毅之徒通其意
吴起孫臏廉頗之屬制其兵嘗以十倍之地
百萬之軍攻秦秦人開關延敵六國之師遁
逃而不敢進秦無一矢遺鏃之費而關東已
困於是從散約敗爭割地而賂秦秦有餘力
而制其弊及至始皇承六世之遺烈抗長策

而御宇内吞二周而吒諸侯履至尊而制六合兼帝皇而威四海于時議者恨楚之疏遠屈原魏不用公子無忌故國削以至於亡秦因愚弱之極運震電之蕭條混壹海内爲漢驅除蓋秉天之所壞誰能枝之雖阿衡宰政賁育馭戎何益於事且有彊兵良謀雜襲繼踵每輒挫衂亦足以袪蔽啓蒙矣始皇自以關中之固金城千里子孫帝王萬世之業也遂恣睢舊習矯任其私知坑儒燔書以愚其

黔首窮奢肆欲力役無饜毒流諸夏亂延蠻
貊由是二世絕祀以成大漢之資高祖踐祚
四海乂安世宗攘夷境崇演禮學制度文章
冠於百王矣

風俗通義皇霸卷第一

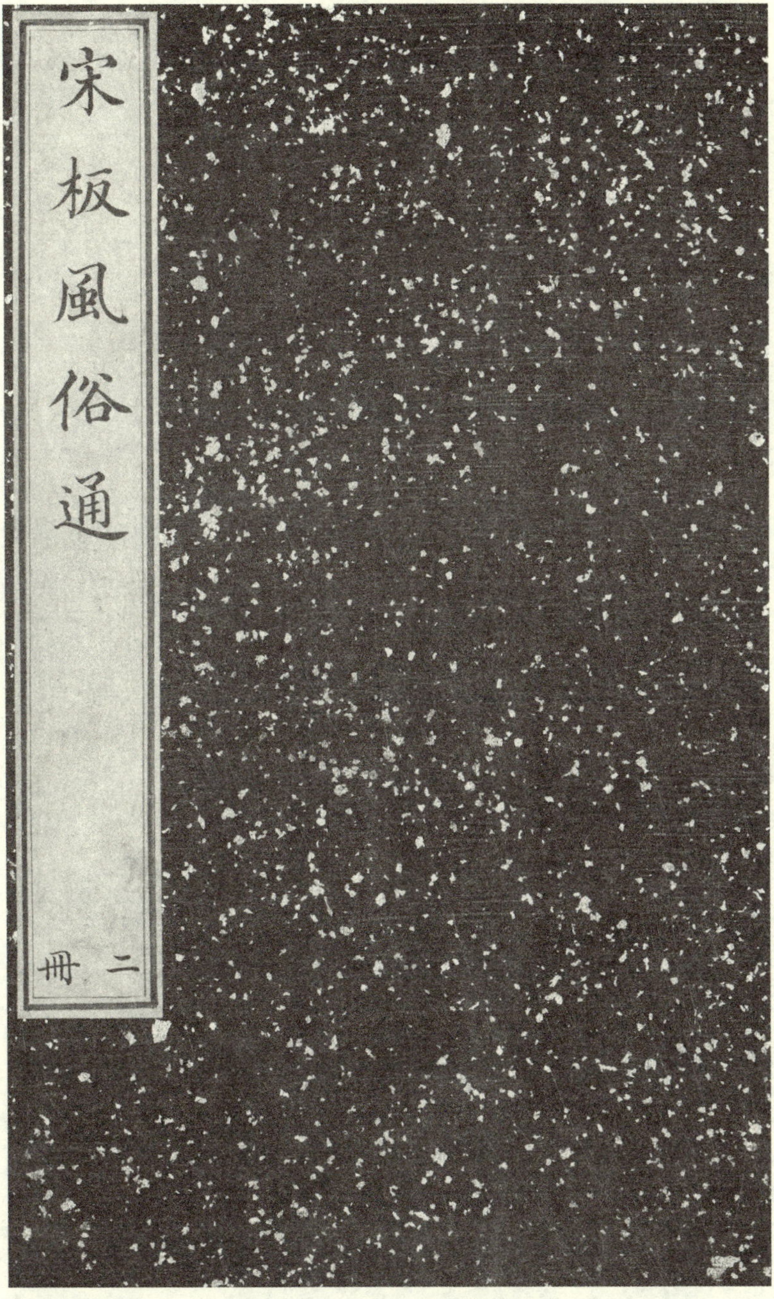
宋板風俗通
二冊

風俗通義正失第二

孔子曰衆善焉必察之衆惡焉必察之孟軻云堯舜不勝其美桀紂不勝其惡傳言失指圖景失形衆口鑠金積毀消骨久矣其患之也是故樂正后夔有一足之論晉師己亥渡河有三豕之文非夫大聖至明孰能原析之乎論語名不正則言不順易稱失之毫氂差以千里故糾其謬曰正失也

樂正后夔一足

俗説夔一足而用精專故能調暢於音樂
謹按呂氏春秋魯哀公問於孔子樂正夔一
足信乎孔子曰昔者舜以夔爲樂正始治六
律和均五聲以通八風而天下服重黎又薦
能爲音者舜曰夫樂天地之精得失之節故
唯聖人爲能和樂之本夔能和之平天下若
夔一足矣故曰夔一足非一足行

丁氏家穿井得一人

俗説丁氏家穿井得一人於井中也

謹按呂氏春秋宋丁氏無井常一人溉汲於外及自穿井喜而告之吾穿井得一人傳之聞於宋君公問其故對曰得一人之使非得一人於井中也

封泰山禪梁父

俗說岱宗上有金篋玉策能知人年壽脩短武帝探策得十八因讀曰八十其後果用耆長武帝出璽印石裁有兆朕奉車子侯即没其印乃止武帝畏惡亦絕去之封禪書說黃

帝廾封泰山於是有龍垂胡髯下迎黄帝黄
帝上騎群臣後宫從者七十餘人小臣獨不
得上乃悉持龍髯拔墮黄帝之弓小臣百姓
仰望黄帝不能復乃抱其弓而號故後世因
曰烏號弓孝武皇帝時齊人公孫卿言漢之
聖者在高祖之孫今歷正值黄帝之日聖主
亦當上封則能神仙矣
謹按尚書禮天子廵守歲二月至于岱宗孔
子稱封泰山禪梁父可得而數七十有二蓋

王者受命易姓改制應天下太平功成封禪以告平也所以必於岱宗者長萬物之宗陰陽交代觸石而出膚寸而合不崇朝徧雨天下唯泰山乎封者立石高一丈二赤刻之曰事天以禮立身以義事父以孝成民以仁四守之内莫不爲郡縣四夷八蠻咸來貢職與天下無極人民蕃息天禄永得祭上玄尊而俎生魚壇廣十二丈高三尺階三等必於其上示增高也刻石紀號著己績也或曰金泥

銀繩印之璽下禪梁父禮祠地主去事之殺
示增廣也禪謂壇墠當有所與也三皇禪於
繹繹明己功成而去德者居之繹繹者無所
指斥也五帝禪於亭亭德不及於皇亭亭名
山其身禪予聖人三王禪於梁父者信父者
子言父子相信與也孝武皇帝封廣丈二尺
高九尺其下有玉牒書秘書江淮間一茅三
脊爲神藉五色土益雜封縱遠方奇獸飛禽
及白雉加祠兕牛犀象之屬其享曰天增授

皇帝泰元神筴周而復始皇帝敬拜泰靈真
夜有光如流星晝有白雲起封中於是作明
堂汶上令諸侯各治邸車駕前後五至祠以
元鼎六年告封改為元封武帝已年四十七
矣何緣反更得十八也就若所云明神禍福
必有讖應權時倒讀焉能誕招期乎奉車子
侯驂乘上下臣不預封事何因操印沒石乃
止暴病而死悼惕無已又言武帝與仙人對
博碁沒石中馬蹄迹處于今尚存虛妄若比

非一事也予以空偽穢之東嶽泰素六載數聘祈祠咨問長老賢通上泰山者云謂璽處刻石文昧難知也殊無有金篋玉牒探籌之事春秋以爲傳聞不如親見見之人斯爲審矣傳曰五帝聖焉死三王仁焉死五伯智焉死其隕落崩薨之日不能咸至百年詩云三后在天論語曰古皆沒太史記黃帝葬於橋山騎龍升天豈不悖乎烏號弓者柘桑之林枝條暢茂烏登其上下垂著地烏適飛去後

從撥殺取以爲弓因名烏號耳

葉令祠

俗說孝明帝時尚書郎河東王喬遷爲葉令
喬有神術每月朔常詣臺朝帝怪其數而無
車騎密令太史候望言其臨至時常有雙鳧
從南飛來因伏伺見鳧舉羅但得一雙舃耳
使尚方識視四年中所賜尚書官屬履也每
當朝時葉門鼓不擊自鳴聞於京師後天下
一玉棺於廳事前令臣吏試入終不動搖喬

曰天帝獨欲召我沐浴服飾寢其中蓋便立
覆宿夜葬於城東土自成墳縣中牛皆流汗
吐舌而人無知者號葉君祠牧守班録皆先
謁拜吏民祈禱無不如意若有違犯立得禍
明帝迎取其鼓置都亭下畧無音聲但云葉
太史候望在上西門上遂以占星辰省察氣
祥言此令即僊人王喬者也
謹按春秋左氏傳葉公子高姓沈名諸梁古
者令曰公忠於社稷惠恤萬民方城之外莫

不欣戴白公勝作亂子西子期刼惠王以兵葉公自葉而入至于北門或遇之曰君胡不胄國人望君如望慈父母焉盜賊之矢若傷君是絶民望也若之何不胄乃胄而進又遇一人曰何為胄國人望君如望歲焉日日以幾若見君面是得艾也人知不死其亦無有奮心猶將旌君以徇於國而又掩面以絶民望不亦甚乎乃免胄而進之與國人攻白公奔山而逝生烹石乞迎反惠王整肅官司退

而老於葉及其終也葉人追思而立祠功施
於民以勞定國兼玆二事固祠典之所先也
此乃春秋之時何有近孝明乎周書稱靈王
太子晉幼有盛德聰明博達師曠與言弗能
尚也晉年十五顧而問曰吾聞大師能知人
年之短長也師曠對曰女色赤白女聲清女
色不壽晉曰然吾後三年將上賓於天女慎
無言禍將及女其後太子果死孔子聞之曰
惜夫殺吾君也後世以其自豫知其死傳稱

王子喬仙或人問仙楊雄以爲虙羲神農黃
帝堯舜殞落文王葬畢孔子葬魯城之北獨
不愛其死乎知非人之所能也生乎生乎吾
恐名生而實死也國家畏天之威思求謹告
故於上西門城上候望近太史寺令丞躬親
靈臺位國之陽之變別在宮中懼有得失故
參之也何有伺一飛鳥遂建其處乎世之矯
誣豈一事哉

燕太子丹天爲雨粟烏白頭馬生角

廚人生害足井上株木跳度瀆
俗說燕太子丹爲質於秦始皇執欲殺之言
能致此瑞者可得生活丹有神靈天爲感應
於是建使歸國
謹按太史記燕太子丹與秦始皇遇之益不
善丹恐而亡歸歸求勇士荊軻秦武陽函樊
於期之首貢督亢之地圖秦王大悅禮而見
之變起兩楹之間事敗而荊軻立死始皇大
怒乃益發兵伐燕燕王走保遼東使使斬丹

以謝秦燕亦遂滅丹畏死逃歸耳自爲其父所戮手足圯絶安在其能使雨粟其餘云云乎原其所以有茲語者丹實好士無所愛恡也故閭閻小論飾成之耳

孝文帝

孝成皇帝好詩書通覽古今閒習朝廷儀體尤善漢家法度故事常見中壘校尉劉向以世俗多傳道孝文皇帝小生於軍及長大有識不知父所在日祭於代東門外高帝數夢

見一見祭已使使至代求之果得文帝立爲
代王及後徵到後期不得立日爲毋中及即
位爲天子躬自節儉葉上書囊以爲前殿帷
常居明光宮聽政爲皇太薄后持三年服廬
居枕塊如禮至以發大病知後子不能行三
年之喪更制三十六日服治天下致升平斷
獄三百人粟外一錢有此事不同對曰皆不
然
謹按漢高三年魏王豹叛漢附楚漢使大將

韓信擊虜豹姬薄夫人傳詣雒陽織室漢王
見薄姬內後宮幸之生文帝二年而爲王者
子常居宮闕內不棄捐軍中祭代東門高皇
后八年後九月己酉夕即位就未央幸前殿
下赦令即位時以昏夜日不再中文帝雖節
儉未央前殿至奢雕文五采畫華榱璧璫軒
檻皆飾以黃金其勢不可以書囊爲帷奢儉
好醜不相副倖又文帝以後元年六月己亥
崩未央宮在時平常聽政宣室不居明光宮

及皇太薄后以孝景二年四月壬子薨葬南陵文帝先太后崩不爲皇太薄后持三年服文帝遵漢家基業初定重承軍旅之後百姓新免於干戈之難故文帝宜因修秦餘政教輕刑事少與之休息以儉約節欲自持初開籍田躬勸農耕桑務民之本即位十餘年時五穀豐熟百姓足倉廩實蓄積有餘然文帝本修黃老之言不甚好儒術其治尚清淨無爲以故禮樂庠序未修民俗未能大化茍温

飽完給所謂治安之國也其後匈奴數犯塞侵擾邊境單于深入寇掠賊害北地都尉殺略吏民係虜老弱驅畜産燒積聚候騎至甘泉烽火通長安京師震動無不憂懣是時大發興材官騎士十餘萬軍長安帝遣丞相灌嬰擊匈奴文帝自勞兵至太原代郡由是北邊置屯待戰設備備胡兵連不解轉輸駱驛費損虛耗因以年歲穀不登百姓饑乏穀糴常至石五百時不升一錢前待詔賈捐之爲

孝元皇帝言太宗時民賦四十斷獄四百餘
案太宗時民重犯法治理不能過中宗之世
地節元年天下斷獄四萬七千餘人如捐之
言復不類前世斷獄皆以萬數不三百人文
帝即位二十三年日月薄蝕地數震動毀壞
民廬舍關東二十九山同日崩潰水出河決
酸棗犬風壞都雨雹如桃李深者厚三尺狗
馬及人皆生角大雪蝗虫文帝下詔書曰間
者陰陽不調日月薄蝕年穀不登大遭旱蝗

饑饉之害謫見天地災及萬民丞相御史議
可以佐百姓之急推此事類以不及太宗之
世不可以爲升平上曰吾於臨朝統政施號
令何如向未及對上謂向校尉帝師傅耆舊
洽聞親事先帝歷見三世得失事無善惡如
聞知之其言勿有所隱向曰文帝時政頗遺
失皆所謂悔恡小疵耶嘗輦過郎署問中郎
馮唐以趙將廉頗馬服唐言今雖有此人不
能用也推輦而去還歸禁中召責讓唐頓首

陳言聞之於祖父道廉頗李牧爲邊將市租諸入皆輸莫府而趙王不問多少日擊牛灑酒勞賜士大夫賞異有故能立威名今臣竊聞雲中太守魏尚邊之良將也匈奴常犯塞爲寇尚追之吏士爭居前樂盡死力斬首上功誤差數級下之吏尚竟抵罪由是言之雖得廉頗李牧不能用也及河東太守李布治郡有聲召欲以爲御史大夫左右或毀言使酒後不用布見辭去自陳曰臣幸得待罪河

東無故而見徵召此人必以臣欺國者既到
無用此人亦有以毀傷臣者今以一人言則
進之以一人言則退之臣恐天下有以見朝
廷短也上有慙色卒遣布之官及太中大夫
鄧通以佞幸吮癰瘍癰汁見愛擬於至親賜
以蜀郡銅山令得鑄錢通私家之富侔於王
者封君又為微行數幸通家文帝代服衣罽
襲氈帽騎駿馬從侍中近臣常侍期門武騎
獵漸臺下馳射狐兎果雉刺彘是時待詔賈

山諫以爲不宜數從郡國賢良吏出遊獵重
令此人負名不稱其與及太中大夫賈誼亦
數陳止遊獵是時誼與鄧通俱侍中同位誼
又惡通爲人數廷譏之由是疏遠遷爲長沙
太傅旣之官内不自得及渡湘水投弔書曰
闒茸尊顯佞諛得意以哀屈原離讒邪之咎
亦因自傷爲鄧通等所愬也成帝曰其治天
下孰與孝宣皇帝向曰中宗之世政教明法
令行邊境安四夷親單于欵塞天下殷富百

姓康樂其治過於太宗之時亦以遭遇匈奴賓服四夷和親也上曰後世皆言文帝治天下幾至太平其德比周成王此語何從生向對曰生於言事文帝禮言事者不傷其意群臣無小大至即便從容言上止輦聽之其言可者稱善不可者喜笑而已言事多褒之後人見遺文則以爲然世之毀譽莫能得實審形者少隨聲者多或至以無爲有故曰堯舜不勝其善桀紂不勝其惡桀紂非殺父與君

也而世有殺君父者人皆無道如桀紂此不勝其惡故若文帝之仁賢不勝其善世俗褒揚言其德比成王治幾太平也然文帝之節儉約身以率先天下忍容言者含咽臣子之短此亦通人難及似出於孝宣皇帝者也如其聰明遠識不忘數十年事制持萬機天資治理之材恐文帝亦且不及孝宣皇帝向以爲如此及至世間言文帝小生於軍中長大祭代東門外使者求得之因立爲代王徵當

即位後期日爲之再中集上書囊以爲前殿帷常居光明宮聽政爲薄太后持三年服治天下致升平斷獄三百人粟一升一錢凡此十餘事皆俗人所妄傳言過其實及傳會或以爲前皆非是如劉向言

東方朔

俗言東方朔太白星精黄帝時爲風后堯時爲務成子周時爲老聃在越爲范蠡在齊爲鴟夷子皮言其神聖能興王霸之業變化無

常

謹按漢書東方朔平原人也孝武皇帝時招延賢良文學之士待以不次之位故四方多上書言得失自衒鬻者於是朔詣闕自陳十二失父長養兄嫂年十三學書十四擊劍十六誦詩十九習孫吳兵法又常服子路之言臣朔年二十三長九尺三寸目若懸珠齒若編貝勇若孟賁捷若慶忌廉如鮑叔信若尾生若此可以爲天子大臣矣朔文辭不遜高

自稱譽由是見偉稍益親幸官至太中大夫倡優畜之不豫國政劉向少時數問長老賢通於事及朔時人皆云朔口諧倡辯不能持論喜爲凡庸誦說故今後世多傳聞者而楊雄亦以爲朔言不純師行不純德其流風遺書蔑如也然朔所以名過其實以其恢諧多端不名一行應諧似優不窮似智正諫似直穢德似隱非夷齊是柳惠其滑稽之雄乎朔之逢古射覆其事浮淺行於衆僮兒牧竪莫

不眩燿而後之好事者因取奇言怪語附著
之耳安在能神聖歷世爲輔佐哉

淮南王安神仙

俗說淮南王安招致賓客方術之士數千人
作鴻寶苑秘枕中之書鑄成黃白白日升天
謹按漢書淮南王安天資辨慱善爲文辭孝
武以屬諸父甚尊之招募方伎怪迂之人述
神仙黃白之事財殫力屈無能成獲乃謀叛
逆剋皇帝璽丞相將軍大夫已下印漢使符

節法冠趙王彭祖列侯讓等議曰安廢法行
邪僻詐僞心以亂天下營惑百姓背叛宗廟
春秋無將將而必誅安罪重於將反形已定
圖書印及他逆無道事驗明白丞相弘廷尉
湯以聞上使宗正以符節治王安自殺太子
諸所與謀皆收夷國除爲九江郡親伏白刃
與衆棄之安在其能神仙乎安所養士或頗
漏亡恥其如此因飾詐說後人吠聲遂傳行
耳

王陽能鑄黃金

漢書曰諺王陽雖儒生自寒賤然好車馬衣服極爲鮮好而無金銀文繡之物及遷徙去處所載不過囊衣不蓄積餘財去位家居亦布衣蔬食天下服其廉而怪其奢故俗傳王陽能作黃金

謹按太史記秦始皇欺於徐市之屬求三山於海中通同道隱形體弦詩想蓬萊而不免沙丘之禍孝武皇帝玆益迷謬文成五利處

之不疑妻以公主賜以甲第家累萬金身佩四印辭窮情得亦旋梟裂淮南王安鋭精黃白庶幾輕舉卒離親伏白刃之罪劉向得其遺文竒而獻之成帝令典尚方鑄作事費甚多而方不驗劾向大辟繫須冬獄兄陽成侯乞入國半贖得減死泰漢以天子之貴四海之富淮南竭一國之貢稅向假尚方之饒然不能有成者夫物之變化固自有極王陽何人獨能乎哉語曰金不可作世不可度王陽

居官食禄雖爲鮮明車馬衣服亦能幾所何足恠之乃傳俗説班固之論陋於是矣

宋均令虎渡江

九江多虎百姓苦之前將募民捕取武吏以除賦課郡境界皆設陷穽後太守宋均到乃移記屬縣曰夫虎豹在山黿鼉在淵物性之所託故江淮之間有猛獸猶江北之有雞豚令數爲民害者咎在貪殘居職使然而反逐捕非政之本也壞檻穽勿復課録退貪殘進

忠良後虎悉東渡江不爲民害

謹按尚書武王戎車三百兩虎賁三千人擒紂於牧野言猛怒如虎之奔赴也詩美南仲闞如哮虎易稱大人虎變其文炳君子豹變其文蔚傳曰山有猛虎草木茂長故天之所生備物致用非以傷人也然時爲害者乃其政使然也今均思求其政舉清黜濁神明報應宜不爲災江渡七里上下隨流近有二十餘虎山栖穴處毛鬣豈能犯陽侯凌濤瀨而

橫厲哉俚語狐欲渡河無奈尾何舟人楫櫂猶尚畏怖不敢迎上與之周旋云悉東渡誰指見者堯舜欽明在上稷契允懿於下當此時也寧復有虎耶若均登據三事德被四海虎豈可抱負相隨乃至鬼方絕域之地乎

彭城相袁元服

俗説元服父字伯楚爲光禄卿於服中生此子時年長矣不孝莫大於無後故收舉之君子不隱其過因以服爲字

謹按元服名賀汝南人也祖父名原爲侍中
安帝始加元服百官會賀臨嚴垂出而孫適
生喜其加會因名曰賀字元服原父安爲司
徒忠蹇匪躬盡誠事國啓發和帝誅討竇氏
中興以来最爲名宰原有堂構之稱矜於法
度伯楚名彰清擬夷叔政則冉季歷典三郡
致位上列賀早失母不復繼室云曾子失妻
而不娶曰吾不及用吉甫子不如伯奇以吉
甫之賢伯奇之孝尚有放逐之敗我何人哉

及臨病困勑使留葬侍衛先公愼無迎取汝
毋喪柩如已者有知往來不難如其無知祇
爲煩耳虞舜葬於蒼梧二妃不從經典明文
勿違吾志清高舉動皆此類也何其在服中
生子而名之賀者乎雖至愚人猶不云耳子
爲蕭令周旋謁辭故司空宣伯應頤相把臂
言易稱天地大德曰生今俗閒多有禁忌生
三子者五月生者以爲妨害父母服中子犯
禮傷孝莫肯收舉袁元服功德爵位子孫巍

巍仁君所見越王勾踐民生三子與乳母孟
嘗君對其父若不受命於天何不高户誰能
及者夫學閎貴能行君體將雅政宜有異乎
答曰齊楚之事徵聞命矣至於元服其事如
此明公既爲鄉里超然遠覽何爲過聆晉語
簡在心事乎於是欣然悦服續以大言苟有
過人必知之我能勝仲尼哉元服子夏甫前
後徵命終不降志亞作者之遺風矣正甫亦
有重名今見沛相載德五世而被斯言之玷

恐多有宣公之論故備記其終始

風俗通義正失第二

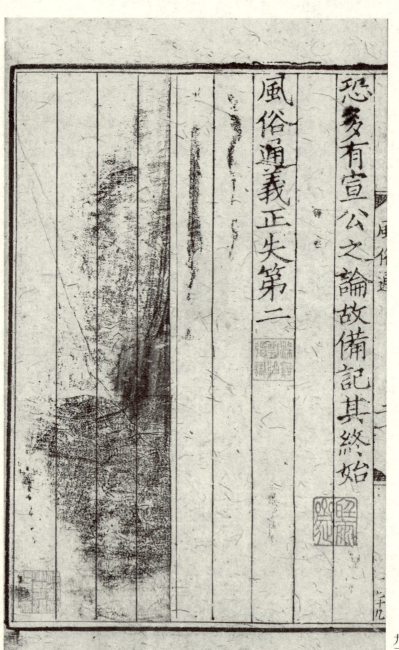

風俗通義愆禮第三

夫聖人之制禮也事有其制曲有其防爲其
可傳爲其可繼賢者俯就不肖跂及是故子
張過而子夏不及然則無愈子路喪姊朞而
不除仲尼以爲大譏況於忍能矯情直意而
已也哉書云不愆不忘帥由舊章論語不爲
禮無以立故注近世苟妄曰愆禮也

九江太守武陵威生不識母常自悲
感游學京師還於陵谷中見一老母

年六十餘因就問母姓爲何曰陳家女李氏何故獨行曰我孤獨欲依親家子感再拜長跪自白曰子感少失慈母姓陳舅氏亦李又母與亡親同年會遇於此乃天意也因載歸家供養以爲母

謹按禮繼母如母慈母如母謂繼父之室慈愛己皆有母道故事之如母也何有道路之人而定省世間共傳丁蘭剋木而事之今此

之事豈不是似如仁人惻隱哀其無歸直可
收養無事正母之號耳
大將軍掾燉煌宣度爲師大常張文
明制杖
謹按禮記孔子之喪門人疑所服子貢曰昔
夫子之喪顏淵若喪子而無服至子路亦然
請喪夫子如父而無服群居則否今人乃爲
制杖同之於父論者既不匡糾而云觀過知
仁謂心之哀惻終始一者也凡今杖者皆在

權戚之門至有家遭齊衰同生之痛俯伏墳墓而不歸來眞不愛其親而愛他人者也無他也庶福報耳凡庸小生夫何譏稱然宣度涼州知名士吾是以云耳

山陽太守汝南薛恭祖喪其妻不哭臨殯於棺上大言自同恩好四十餘年服食禄賜男女成人幸不爲夭夫復何恨哉今相及也

謹按禮爲適妻杖重於宗也妻者旣齊於已

澄灑酒以養姑舅契闔中饋經理蚕織垂統傳重其爲恩篤勤至矣且鳥獸之微尚有回翔之思啁噍之痛何有死喪之感終始永絶而曾無惻容當内崩傷外自矜飭此爲矯情僞之至也俚語婦死腹悲唯身知之又言妻非禮所與此何禮也豈不悖哉太尉山陽王龔與諸子並杖太傅汝南陳蕃袁隗皆制衰經列在服位躬入隧哀以送之近得禮中王公諸子魏杖亦過矣

弘農太守河内吴匡伯康少服職事
號爲敏達爲侍御史與長樂少府黄
瓊共佐清河王事文書印成甚嘉異
之後匡去濟南相瓊爲司空比比援
舉起家拜尚書遷弘農班詔勸耕道
於澠池聞瓊薨即發喪制服上病載
輦車還府
謹按春秋大夫出使聞父母之喪徐行而不
反君追還之禮也匡雖爲瓊所援舉由郡縣

功曹州治中兵曹位朝廷尚書也凡所授選
豈得復爲君臣者耶令匡與瓊其是矣剖符
守境勸民耕桑肆省寃疑和解仇怨國之大
事所當勤恤而顧私恩傲很自遂若宮車晏
駕何以過茲論者不深察而歸之厚多有是
言及其人患失而亦曰其然司空袁周陽舉
荀慈明有道太尉鄧伯條舉訾孟直方正二
公薨皆制齊衰世非一然荀訾通儒於義足
責或舉者名位斥落子孫無繼多不親至何

乃衰乎過與不及古人同稱吊服之制斯近
之矣
河南尹太山羊嗣祖在家平原相封
子衡葬母子衡故臨太山數十日時
嗣祖去河南矣子衡曰從子曼慈復
爲太山士大夫用此行者數百人皆
齊衰經帶時與太尉府自劾歸家故
侍御史胡母季皮獨過相候求欲作
衰謂君不爲子衡作吏何制服曰衆

人若此不可獨否又謂足下徑行自
可今反相歷令子失禮僕豫慫古有
吊服可依其制因爲裁縞冠幘袍單
衣定大爲同作所非然潁川有識陳
元方韓元長綦毋廣明咸嘉是焉

謹按禮爲舊君齊衰三月謂策名委質爲臣
吏者也子衡臨郡日淺無他功惠又非其身
翮祖位則亞卿雅有令稱義當綱紀人倫爲
之節文而首倡導犯禮違制使東嶽一郡滕

滕焉豈不愍哉由郕人失兄子皐爲之衰雖
失於子衡歸於晏慈者矣

太原郝子廉飢不得食寒不得衣一
介不取諸人曾過娣飯留十五錢默
置席下去每行飲水常投一錢井中

謹按易稱天地交萬物生人道交功勳成語
願車馬衣輕裘與朋友共弊之而無憾士相
見之禮贄用腒雉受而不距而交荅焉唯祭
飯然後拜之孔子食於施氏未嘗不飽何有

同生之家而顧錢者哉傷恩薄禮弊之至也
孟軻譏仲子吐鶂鶂之羹而食井上苦李鮑
焦耕田而食穿井而飲非妻所織不衣餓於
山中食棗或問之此棗子所種耶遂嘔吐立
枯而死世不乏異惟其似狷孔子疾時貪昧
退思狂狷狷者有所不爲亦其介也
南陽張伯大鄧子敬小伯大三年以
兄禮事之伯卧床上敬寢下小榻言
常恐清旦朝拜俱去鄉里居緱氏城

中亦教授坐養聲價伯大爲議郎益
州太守子敬辟司徒公車徵
謹按禮記十年兄事之五年肩隨之詩云如
切如嗟如琢如磨朋友衎衎誾誾各長其儀
也凡兄弟相愛尚同輿而出同床而寢今相
校三年耳幸無骨血之屬坐作鬼怪旦朝言
恐論語恭而無禮則勞且晏平仲稱善與人
交豈徒拜伏而已哉易設四科出處語默傳
曰朝廷之人入而不能

出山林之民往而不能反二者各有所長而
弃聖絕知遯世保真當竄深山樂天知命今
居緤氏息偃城郭往來帝都招延賓客無益
誨人拱默而已飾虛矜僞誑世耀名辭細即
巨終爲利動春秋譏宋伯姬女而不婦今二
子胥胥遠大失矣

公車徵士汝南夏甫少舉孝廉爲司
徒掾人間之事無所關也其後閉户
塞牖不見賓客清旦東向再拜朝其

母念時時往就之子亦不得見復踰
拜耳頭不著巾身無單衣足常木蹻
食止壃菜云我無益家事莫之能彊
及母終亡不列服位
謹按孝經生事愛敬死事哀慼一家之中諭
君異域下牀闇拜遠於愛敬者矣祖載崩隧
又不能送遠於哀慼者矣巾所以飾首衣所
以蔽形此乃士君子所以自別於夷狄者也
唯喪者訟者露首草舍餘曷有哉長沮丈人

避世之士由訖子路殺雞黍見其子焉何有
藏一室中不出户庭以此爲高斯亦婞婞鯉
趨而過庭聞詩聞禮而陳亢喜於得三不當
近之何乃若兹者乎
公車徵士豫章徐穉子比爲太尉黄
瓊所辟禮文有加穉子隱者初不荅
命瓊薨既葬負笈并涉齎一盤醊哭
於墳前孫子琰故五官郎將以長孫
制杖聞有哭者不知其誰亦於倚廬

哀泣而已孺子無有謁刺事訖便去
子琰大怪其故遣瓊門生茅季瑋追
請辭謝終不肯還
謹按禮凡吊喪者既哭興踊進問其故哀之
至也孺子所以經三千里越度山川而親至
者非徒徇於己顧義報乎哭醊墳前是也說
當即其帳衾問勞子琰子琰宿有善名在禮
無違儻見微闕教誨可乎如何儻忽甚於路
人昔黔敖忽於嗟來然君子猶以爲其嗟可

去謝可食今與黃有恩故矣孝子寢伏苫塊
又孺子到便詣墳無介夫何爲哉

風俗通義愆禮第三

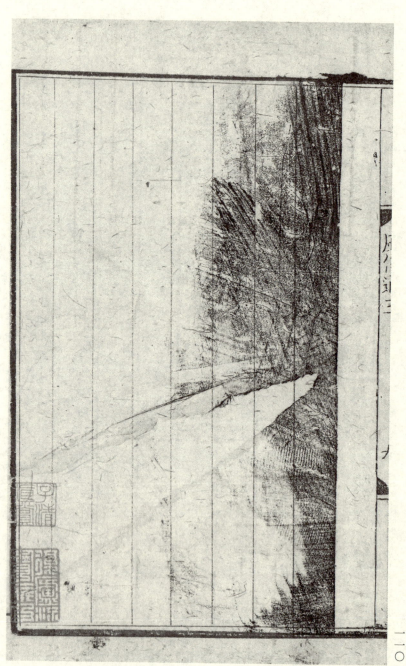

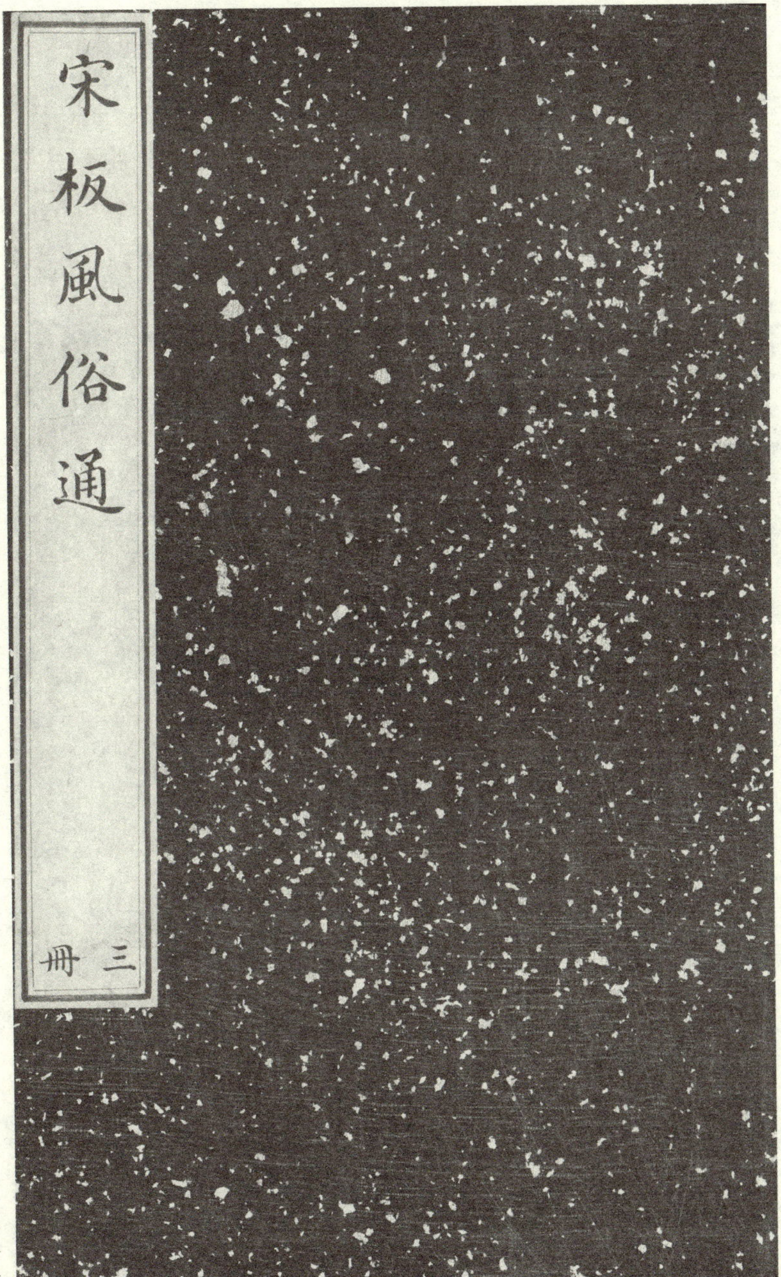
宋板風俗通
三冊

風俗通義過譽第四

孔子稱大哉中庸之爲德其至矣乎又曰君子之道忠恕而已至於訐以爲直隱以爲義枉以爲厚僞以爲名此衆人之所致譽而明主之所必討蓋觀過知仁謂中心篤誠而無妨於化者故覆其違理曰過譽也

長沙太守汝南郅惲君章少時爲郡功曹郡俗冬饗百里內縣皆齎牛酒到府宴飲時太守司徒歐陽歙臨饗

禮說教曰西部督郵縣延天資忠貞
禀性公方典部折衝摧破姦雄不嚴
而治書曰安民則惠黎民懷之蓋舉
善以教則不能者勸今與諸儒共論
延功顯之于朝主簿讀教户吏引延
受賜惲前跪曰司正舉觥以君之罪
告謝于天明府有言而誤不可覆掩
按延資性貪邪外方内圓朋黨構姦
罔上害民所在荒亂虛而不治怨慝

並作百姓苦之而明府以惡爲善股
肱莫爭此既無君又復無臣君臣俱
喪孰與偏有君雖傾危臣子扶持不
至於亡惲敢再拜奉觥歆甚懃
謹按禮諫有五風爲上狷爲下故入則造膝
出則詭辭善則稱君過則稱已暴諫露言罪之
大者而歆於饗中用延爲吏以紫亂朱大姤
王命造次顛沛不及諷諭雖舉觥彊歆可行
也今惲久見授任職在昭德塞違爲官擇人

知延貪邪罔上害民所在荒亂怨慝並作此爲惡積愆非一旦一夕之漸也孔子以匹夫朋徒無幾習射矍相之圃三哲而去者過半汝南中土大郡方城四十養老復敬化之至延姦釁彰著無與比崇臧文仲有言見無禮於君者若鷹鸇之逐鳥雀農夫之務去草也何敢宿留不即彈黜姦佞而須於萬人之中乃暴引之是爲陷君君子不臨深以爲高不因少以爲多況創病君父以爲己功者哉而

論者苟眩虛聲以爲美談汝南楚之界也其俗急疾有氣決然自君章之後轉相放式好干上怵忮以采名譽末流論起於愛憎而政在陪隸也

司空潁川韓稜少時爲郡主簿太守興被風病恍忽誤亂稜陰扶輔其政出入二年署置教令無愆失興子嘗出教欲轉徒吏稜執不聽由是發露被考興免官稜坐禁錮章帝即位一

切原除也

謹按易稱守位以仁尚書無曠庶官詩云彼君子不素飡兮論語陳力就列不能者止漢典吏病百日應免所以卹民急病懲俗逋慝也今輿官尊任重經略千里當聽訟侍祠班詔勸課早朝旰食夕惕若厲不以榮禄爲樂而以黜首爲憂位過招殃靈督其疊風疾恍忽有加無瘳稜統機括知其虛實當聽上病以禮選引何有上欺天子中誣方伯下誑吏

民扶輔耄亂政自巳出雖幸無闕罪巳不容
於誅矣爲人謀而不忠愛人而以姑息凡人
不可况於君子乎上令與貧貪昧之罪子被
署用之愆章問洶赫父子湮没執事如此謂
禮義何稜宜禁固終身中原非是
太原周黨伯况少爲鄉佐發黨過於
人中辱之黨學春秋長安聞報讎之
義輟講下辭歸報讎到與鄉佐相闘
期闘日鄉佐多從正往使鄉佐先拔

刀然後相擊佐欲直入正擊之黨被
劉困乏佐服其義勇後輿養之數日
蘇輿乃知非其家郎徑歸其立勇果

乃至於是

謹按孝經身體髮膚受之父母不敢毀傷孝之始也樂正子春下堂而傷足三月不出旣瘳矣猶有憂色身無擇行口無擇言脩身慎行恐辱先也而伯況被發則得就業鄉佐雖云凶暴何緣侵己今見辱者必有以招之身

自取焉何尤於人親不可辱在我何傷凡報讎者謂爲父兄耳豈以一朝之忿而肆其狂怒者哉旣遠春秋之義殆令先祖不復血食不孝不智而兩有之歸其義勇其義何居

汝南陳茂君因爲荆州刺史時南陽太守灌恂本名清能茂不入宛城引車到城東爲友人衞修母拜到州恂先是茂客仕蒼梧還到修家見修母婦說修坐事繫獄當死因詣府門移

辭乞恩隨輩露首入坊中容止嚴恪
鬚眉甚偉太守大驚不覺自起立賜
巾延請甚嘉敬之即焉出修南陽士
大夫謂恂能救解修茂彈纚不撓修
竟極罪恂亦以它事去南陽疾惡殺
修爲之語曰衛修修有事陳茂治之衛
修無事陳茂殺之
謹按春秋王人之微處于諸侯之上坐則專
席止則專館朱軒駕駟威烈赫奕就恂素爲

官速謗當便入傳引見詰問糾其贓狀以時
列聞文王日昃不暇食周公坐而俟旦且非
爲巳私皆公也何有忘百姓塗炭之急便迺
光昭舊交之間乎鮑宣州牧行部多宿下亭
司直舉劾以爲輕威損命坐之刑黜今茂泯
弃天常違止由巳執使毀之小人譽之自我
爲之古人病諸以爲大譏茂與修善由鷂鴞
之愛其子適所以害之者

度遼將軍安定皇甫規威明連在大

位欲退避弟數上病不見聽會友人
上郡太守王旻物故覲素縞到下亭
迎喪發服送之因令客密告并州刺
史胡芳言覲擅遠軍營赴私違公當
及舉奏荅曰威明欲得避弟故作激
發我爲朝廷惜其功用何能爲此私
家計耶規後爲中郎將督并涼益三
州時有黨事懼見及因先自上言臣
前薦故太常張奐才任將帥是附黨

也又臣論輸左校時太學生張鳳等
上書訟臣是爲黨人所附也昔有畏
舟之危而自投水者蓋憂難與處樂

其亟決

謹按詩云淑人君子其儀不忒其儀不忒正
是四國傳曰一心可以事百君百心不可事
一君論語夫子温良恭儉讓以得之立朝忘
家即戎忘身身且忘之況於弟乎方殊俗越
溢大爲邊害朝廷比辟公旰食覲義在出身

折衝弭難而誅伐已定當見鎮慰何有挾功
苟念去位弟實儁德不患無位而徒闒茸何
所堪施彊推轂之亂儀干度孝武皇帝爲驃
騎將軍霍去病治弟舍勑令視之曰匈奴不
滅何以家爲去病外戚末屬一切武夫尚能
抗節洪毅而規世家純儒何獨負哉又以黨
事先自勞衒如有白驗其於及已而形兆求
不可得唯是從何憚於病曰畏舟之危自投
於水憂難於處樂其亟決主幸必不坐太誓

有云民之所欲天必從之天作孽猶可違自作孽不可逭人之所忌炎自取之蓋嚴楊惲勳著王室言事過差皆伏大辟以隆主威抑驕侵也覘顧弟私也離鬲姦也誘巧詐也畏舟慢也四罪是矣殺決可也

南陽五世公爲廣漢太守與司徒長史段遼叔同歲遼叔太子名舊才操鹵鈍小子髡既見齒鄉黨到見股肱曰太守與遼叔同歲恩結締素薄命

早亡幸來臨郡今年且以此相饒舉
其子如無罪得至後歲貫魚之次敬
不有違有主簿柳對曰明府謹終追
遠興微繼絶然舊實不如兒宜可授
之世公於是厲聲曰丈夫相臨兒女
尚欲舉之何謂高下之間耶釋兄用
弟此爲故殃段氏之家豈稱相遭遇
之意乎竟舉舊也世公轉換南陽與
東萊太守蔡伯起同歲欲舉其子伯

起自乞子瓚尚弱而弟琰幸以成人是歲舉琰明年復舉瓚瓚十四未可見衆常稱病遣詣生交到十八乃始出治劇平春長上書臣甫弱冠未任宰御乞留宿衛尚書劾奏增年受選減年避劇請免瓚官詔書左遷武當左尉會車騎將軍馮緄南征武陵蠻夷緄與伯起同時公府辟瓚爲軍曲候瓚歸卧家軍功除新陽長官至下

邳相

謹按古無孝廉唯有貢士貢士恩義經傳無以也春秋諸侯朝覲會遇大夫亦豫其好禮記曰大夫三月葬同位畢至此言謹終悼亡不說子弟當見寵拔也魯有右成叔聘衛右宰穀留而觴之陳樂而不樂酒酣而不飲送以璧其妻孥隔宅而居之分禄而食之其子長乃辟孔子稱可寄百里之命託六尺之孤臨大節而不可奪相於之義具於此矣語有

曰白頭如新交蓋如舊簞食壺漿會於樹陰
臨别眷眷念在報効何有同歲相臨而可拱
默者哉春秋因其可褒而褒之若乃世公二
郡之舉斯為過矣然世人亦多淺薄在者無
之亡者無顧覆之施飢寒緩急視之若遺非
徒如此而已至有可否之際受刑誅者人各
有心兩不得中夫孝廉平除則有社稷民人
傷及民人實宜料度以為後圖
汝南戴幼起三年服竟讓財與兄將

妻子出客舍中住官池田以耕種爲
上計史獨車載衣資表汝南太守上
計史戴紹車後舉孝廉爲陝令
謹按禮有東宮西宮辟子之私不足則資有
餘亦歸之於宗也此言兄弟無離異之義也
凡讓財者類與弟子弟尚幼恩情注希有與
兄既出之日可居冢下冢無屋宗家猶有羸
田廬田可首粥力者耳何必官池客舍既推
獨車復表其上爲其飾僞良亦昭晰幼起同

辟有薛孟嘗者與弟子共居弟子常求分力
不能止固乃聽之都與奴婢引其老者曰與
我共事汝不能使之田屋取其荒壞者曰我
少時所作買意所戀也器物取其久者曰我
服食久身口安之也外有共分之名內實十
三耳子弟無幾盡之輒復更分如此者數傳
稱袁盎三兄子分而供其公家之費此則然
矣論語泰伯三讓民無得而稱之焉何有讓
數十萬畏人而不知欲令皦皦乃如是乎方

之衰薛差以千里凡同居上也逼有無次也
讓其下耳況若幼起仍斯不足貴矣
江夏太守河內趙仲讓舉司隸茂材
爲高唐令密乘轝車徑至高唐變易
名姓止都亭中十餘日默入市里觀
省風俗已呼亭長問新令爲誰從何
官來何時到也曰縣已遣吏迎垂有
起居曰正我是也亭長怖遽拜謁竟
便具吏其日入舍乃謁府數十日無

故便去為郡功曹所選頗有不用因稱狂亂首走出府門太守以其宿有重名忍而不罪後為大將軍梁冀從事中郎將冬月坐庭中向日解衣裘捕虱已因傾臥厥形悉表露將軍夫人襄城君云不潔清當亟推問將軍嘆曰是趙從事絕高士也他事若此非一也

謹按詩云不愆不忘率由舊章左氏傳曰舊

章不可無也凡張官置吏爲之律度故能攝固其位天下無覬覦也今仲讓不先謁府乃徑到縣俱謀吏民爾乃入舍論語升車必正立執綏不內顧不掩不備不見人短見禮記户有二屨不入將上堂聲必揚家且猶若此況於長吏乎君子之仕行其道也民未見德唯詐是闇遂薦功曹策名委質就有不合當徐告退古既待放須起乃逝何得亂道進退自由傲很天常若無君父洪範陳五事以貌

爲首孝經列三法以服爲先仲讓居有田業加之祿賜勢可免凍餒之厄未必須冬日之煖也利不體皆此也河内殷之舊都國分爲三康叔之風既激而紂之化由存其俗士大夫本矜好大言而少實行

風俗通義過譽第四

風俗通義十反第五

易記出處默語書美九德咸事同歸殊塗一致百慮不期相反各有云尚而已是故伯夷讓國以採薇展禽不去於所生孔丘周流以應聘長沮隱居而耦耕墨翟摩頂以放踵楊朱一毛而不為干木息偃以藩魏包胥重繭而存郢夷吾朱紘以三歸平仲辭邑而濯纓惠施從車以百乘扈徒步而裸形甯戚商歌以干祿顏闔踰墻而遁榮高柴趣門以避難

季路求入而隕寥端木結駟以貨殖顏回屢
空而弗營孟獻高宇以美室原憲蓬門而株
檻傳曰人心不同有如其面古今行事是則
然矣比其妍曰十友
太尉沛國劉矩叔方父字叔遼累祖
卿尹好學敦整士名不休揚又無力
援仕進陵遲而叔方雅有高問遠近
偉之州郡辟請未嘗荅命往來京師
委質還門太尉徐防太傅桓焉二公

嘉其孝敬慰愍契闊爲之先後叔遼
由此辟公府博士徵議郎叔方爾乃
翻然改志以禮進退三登台衮號爲
名宰○陽翟令左馮翊田煇叔都兄
字威都俱合純懿不隕洪祚叔都最
爲知名郡常欲爲察授之煇恥越賢
兄懼不得免因緣他疾遂託病瘖家
人妻子莫知其情人數恐灼持之有
度後在田舍天連陰雨友人張子平

吉仲老等寇共穿踰奪取衣衾窮夜
獨處迫切至矣然無聲饗徒喑喑而
已子平因前抱持曰我某公也謂汝
避兄耳何意眞然耶天喪斯人吾儕
將何效乎相對歔欷哀動左右閒積
四歲咸都果舉遷安定長史掾輜垂
緌還歷鄉里薦祀祖考叔都沃醊神
坐頻仰因語是月司隸太尉大將軍
同時並辟爲侍御史舉茂才不幸早

隕威都官至武都太守太尉掾汝
南范滂孟博天資聰叡辯於持論舉
孝廉光禄主事京師歸德四方影附
父字叔矩遭母憂既葬之後饘粥不
贍叔矩謂其兄弟禮不言事辯杖而
起今俱匍匐號咷上關莫酹下困餬
口非孝道也因將人客於九江田種
蓄牧多所全獲以解債負土成冢立
祀三年服闋二兄仕進叔矩以自替

於喪紀獨寢墳側服制如初哀猶未
歇郡舉至孝拜中司勾章長病去官
博士徵兄憂不行司徒梁國盛允字
子翻為議郎慕孟博之德貪樹於有
禮謂孟博家公區區欲辟大臣宜令
邑人廉薦之孟博厲聲曰老夫年尊
絕意世事又海內清高當路非一退
而告人子翻欲德我我不受也子翻
亦以恨遂不得辟孟博病去受事而

常幹宰相之職
謹按禮父爲士子爲天子武王建有周之號
謚大王王季言王業肇於此矣越裳重九譯
獻白雉周公薦陳祖廟曰先人之德有天下
尊歸於父此人道之極前漢詔曰海内大亂
兵革並起朕被堅執銳自率士卒犯危難平
暴亂偃兵息民天下大安此皆太公之教訓
也今上尊號曰太上皇春秋之義因其可褒
而褒之孝經曰敬其父則子悦叔矩則其孝

敬則粥身苦息率禮無違矣則其友于則褒
兄委榮盡其寬情矣則其學藝則家法洽覽
誨人不倦矣則其政事則施於已試靡有闕
遺矣君子百行子產有四凡在他姓尚宜褒
之況於父乎撒意之至猶用夷悅況於寵族
乎抗爽言以拒厚旨抑所生以爲已高忍能
屬然獨享其榮若乃不令之下愚流貨賄於
權變此罪人也田煇託疾上也劉矩屈體次
也范滂吾無取焉耳

巴郡太守太山但望伯門為司徒掾同産子作客殺繫望自劾去星行電征數日歸趣詣府路首肉袒辭謝太守太尉李固謝與相見頭頭流血自說弟薄命早亡以孤為託無義方之教自陷罪惡自男穿既與知情章有微亂乞以代之言甚哀切李公達於原度即活出之。○高唐令樂安周糾孟玉為大將軍掾弟子使客殺人捕

得太守盛亮陰爲宿留糾亦自劾去
詣府亮與相見不乞請又不辭謝亮
告賓客周孟玉欲作抗直不恤其親
我何能枉憲乎遂斃于獄弟婦不哭
死子而哭孟玉世人誤之猶以爲高
謹按春秋叔牙爲慶父殺般閔公大惡之甚
而季子緣獄有所歸不探其情緩追逸賊親
親之道州吁既殺其君而虐用其人石碏惡
之而厚與焉大義滅親君子猶曰純臣之道

備矣於恩未也君親無將王誅宜耳今二家之子幸非元惡但望誠心內發哀情外露義動君子合禮中矣同糾苗孰果毅忽如路人昔樂羊為魏伐中山歠其子羹文侯壯其功而疑其心秦西巴蜀命放麑而孟氏旌進其位麑猶不忍況弟子乎孟軻譏無惻隱之心傳曰於厚者薄則無所不薄矣

豫章太守汝南封祈武興秦山太守周乘子居為太李張所舉函封未發

張病物故夫人於柩側下帷見六孝
康曰李氏蒙國厚恩掾重任咨嘉休
懿相發歲貢上欲報稱聖朝下欲流
惠珉隸今李氏獲保首領以天年終
而諸君各懷進退未肯發引妾聞有
三孤足統喪紀正相追隨逢數墳栢
何若曜德王室昭顯亡者亡者有靈
實寵賴之歿而不朽此其然乎於是
周乘顧謂左右諸君欲行周乘當止

者莫逮郎君盡其哀惻乘與鄭伯堅
即日辭行祈與黃叔度郅伯[illegible]臧孔
叔留隨[illegible]柩乘拜郎遷陵長治無異
稱意亦[illegible]之其官與祈相反俱爲侍
御史公車令尋相位焉
謹按孝經資於事父以事君君親臨之厚莫
重焉春秋國語民生於三事之如一禮斬衰
公士大夫衆生爲其君乘雖見察授函封未
發未離陪隸不與賓于王爵諸臨城社民神

之主也義當服勲闕其祀紀夫人雖有懇切
之教蓋子不以從令爲孝而乘嚚然要勤同
脩去喪即寵謂能有功異也明試無效亦旋
告退安在其顯君父德美之有
河內太守府廬江周景仲嚮每舉孝
廉請之上堂家人宴飲皆令平仰言
笑晏晏如是三四臨發贈以衣齊皆
出自中子弟中外過歷職署踰於所
望曰移臣作子於之何有　河內太

守司徒潁川韓演伯南舉孝廉惟臨辭一與相見無所寵拔曰我已舉若豈可令恩偏積於一門乎

謹按春秋左氏傳夫舉無他也惟善所在親疏一也祈奚稱其讎不爲謟立其子不爲比舉其偏不爲黨建一官而三物成晉國賴之君子歸焉蓋人君者闢門開窓號咷博求得賢而賞聞善若驚無適也無莫也周不綜覈否而務蘊崇之韓演不惟善是務越此一概

夫不擇而彊用之與可用而敗之其罪一也

安定太守汝南胡伊伯建平長樊紹孟建俱爲司空虞放掾屬放遜位自劾還家郡以伊爲主簿迎新太守曰我是宰士何可委質于二朝乎因出門名户占繫陳國紹曰柳下惠不去父母之國君子不辭下位獨行服事後公黃瓊大以爲恨移書汝南論正主者吏絶紹文書而更辟伊

謹按春秋尊公曰宰其吏爲士言於四海無所不統焉孟軻稱不枉尺以直尋況於枉尋以直尺柳下惠不枉道以事人故三黜而不去孔子謂之不恭今紹見編會以禮遜引耳其義不同於此伊心明審自求多福近靈帝之末司徒掾弘農董君考上名典君事不得自効暫以家急假太守李崇請乞相見頻領功曹與俱班錄訖乃謝遣時公袁隗意亦非之然彈糾自是之後彌以滋甚郡用從事縣

用府吏上下溷淆良可識也詩云雖無老成人尚有典刑國之大綱也可不申勑小懲而大戒哉

宗正南陽劉祖奉爲郡屬曹吏左騎校尉薛丞君卓爲户曹史太守公孫慶當祠章陵舊俗常以衣冠子孫容止端嚴學問通覽任頎問者以爲御史時功曹白用劉祖祖曰既託帝王肺腑過聞前訓不能備光輝胥附之

任而當側身陪乘執策握葦有死而已無能爲役薛丞因前自白今明公垂出未有御者雖云不敏敢充人之周旋進對補察時闕言出成謨大見敬重亦以祖爲高歲盡俱舉孝廉

謹按周禮保氏掌六藝之教其一曰御論語曰吾何執執御乎子適衛冉子僕有政事之士列于四友然猶御者不爲役也春秋左氏傳晉悼公即位程鄭爲乘馬御訓群騶知禮

今國家大駕大僕親御他出奉車都尉寧可復言執策握革而辭讓之乎凡黔首皆五帝子孫何獨今之胏腑當見優異也宗廟之人或在甽畒人之化也何日之有舊時長吏質樸子皆駕御故曰從見君臣父子其揆一也臣不肯御乎豈可然公子遂偃蹇不使下陵上替能無亂乎劉祖韋免罪矣而見褒賞公孫於是失政刑矣

聘士彭城姜肱伯雅京兆韋著休明

靈帝踐祚太后臨朝陳竇以忠見害
中常侍曹節秉國之權大作威福兾
寵名賢以弭已謗於是起家肱爲揵
爲太守著東海相肱告其人吾以虛
獲實蘊藉聲價盛明之際尚不委質
況今政在家哉遂乘桴浮海莫知其
極而著驩以承命駕驚言宵征民不見
德唯戮是聞論輸左校
謹按易稱君子之道或出或處或默或語傳

曰朝廷之人入而不能出山林之士往而不能返言各有長也孔子嘉虞仲夷逸作者七人亦終隱約姜肱高尚其事見得思義豈不綽綽有餘裕哉常著邁種其德少有云補可也虐刑以逞民心怨痛德薄位尊力小任重古人懼旃鮮能不及矣

趙相汝南李綻少幼為冀州刺史況所奏耳目不聰明股肱椽史咸用忿憤欲詣闕自理綻聞知之歷收其

家遣吏追還曰相久忝重任負於素
餐年漸七十禮在懸車頃被疾病念
存首丘比自乞歸未見聽許州家幸
能為相得去實上願也居無幾果徵
時冀州有疑獄章帝見問綄綄處當
詳平克厭上心曰君大聰明刺史侵
君綄曰臣受國厚恩官尊祿重不能
自竭有以報稱久抱重疾氣力羸劣
耳聾目眩守虛隕越自分奄忽填壑

猥得承望闕廷親見御座不勝其喜
權時有瘳辭出之後必復故也刺史
不侵臣也上悅其遜即日免況拜綂
侍中○司徒九江朱倀以年老爲司
隸虞詡所奏耳目不聰明見掾屬大
怒曰顛而不扶焉用彼相君勞臣辱
何用爲於是東閤祭酒周舉曰昔聖
帝明王莫不歷象日月星辰以爲鏡
戒熒惑比有變異豈能手書密以上

聞倀曰可自力也舉爲劉君章臣聞處
曰天垂象見吉凶觀乎天文以察時
變臣竊見九月庚辰今月丙辰過熒
惑於東井辟金光輝合并移時乃出
經術淺末不曉天官見其非常昭昭
再見誠切惟之誠憑憤夫月者太陰
熒惑火星不宜相干臣聞盛德之主
不能無異但當變改有以供御孔子
曰雖明天子熒惑必謀禍福之徵慎

察用之孝宣皇帝地節元年月蝕熒
惑明年有霍氏亂孔子曰火上一不可
握熒惑班變不可息志帝應其修無
極此言熒惑火精尤史家所宜察也
楚莊曰災異不見寡人其亡今變異
屢臻此天以佑助漢室覺悟國家也
臣誠懼史官畏忌不敢極言惟陛下
深留聖思按圖書之文鑒古今之戒
召見方直極言而屏諱親賢納忠推

誠應人猶影響也宋景公有善言熒
惑徙舍延年益壽況乎至尊感不旋
日書曰天威棐諶言天德輔誠也周
公將沒戒成王以左右常伯常任準
人綴衣虎賁言此五官存亡之機不
可不謹也臣願陛下思周旦之言詳
左右清禁之内謹供養之官嚴宿衞
之身申勑屢省務知戒慎以退未萌
以此無疆謹匍匐自力手書寄上上

覽倀表嘉其忠謨倀目數病手能細

書詡案大臣苟肆私意詡坐上謝倀

蒙慰勞

謹按論語能以禮讓爲國乎何有夫子温良恭儉讓以得之傳曰心苟不競何憚於病朱倀位極人臣視事數年訖無一言彌縫時闕又倀年且九十足以惛憒義當自引以避賢路就使有枉欣以俟命耳何能乃發忿欲自提理周舉爲人謀而不忠維訖匡陳起自營

衛夫奉義順之謂禮愛人而不以德不可謂
仁信不由中文辭何爲内遇中宗永平之政
救罪不暇何慰勞之有李統内省不疚進對
温雅明主是察終爲長者
蜀郡太守潁川劉勝季陵去官在家
閉門却埽歳時致敬郡縣問荅而已
無所褒貶錐自枝葉莫力太僕杜密
周甫亦去北海相在家每至郡縣多
所陳説牋記括屬太守王昱頗厭苦

之語次聞得京師書公卿舉故大臣
劉季陵高士也當急見徵密知以見
激因曰明府在九重之内臣吏惶畏
天威莫敢盡情劉勝位故大夫見禮
上賓俯伏甚於蠶蝟冷澁比如寒蟬
無能往來此罪人也清雋就義隱居
篤學時所不綜而密達之寃疑勳賢
成陳之罪所折而密啟之明府賞賢
得中令聞休揚雖自天然之姿猶有

萬分之一詩不云乎雨我公田遂及
我私人情所有庶不爲闕既不善是
多見譏論夫何爲哉于是昷甚悅服
待之彌厚
謹按論語澹臺滅明非公事未嘗至於偃之
室也君子思不出其位孟軻亦以為達則兼
濟天下窮則獨善其身劉勝在約思純其靜
已甚若時意宴及言論折中亦無嫌也杜密
婆娑府縣干與王政就若所云猶有公私既

見譏切不甆坐誚負而多伐善以爲己力惟
顔之厚搏而俗矣

風俗通義十一反第五

宋板風俗通
四冊

風俗通義聲音第六

易稱先王作樂崇德殷薦之上帝以配祖考詩云鐘鼓鍠鍠磬管鎗鎗降福穰穰書曰擊石拊石百獸率舞鳥獸且猶感應而況於人乎況於鬼神乎夫樂者聖人所以動天地感鬼神按萬民成性類者也故黃帝作咸池顓頊作六莖嚳作五英堯作大章舜作韶禹作夏湯作護武王作武周公作勺勺言能斟勺先祖之道也武言以功定天下也護言救民

也夏大承二帝也韶繼堯也大章章之也五
英英華茂也六莖及根莖也咸池備矣其後
周室陵遲禮崩樂壞諸侯恣行競悦所習桑
間濮上鄭衛宋趙之聲彌以放遠滔湮心耳
乃忘平和亂政傷民致疾損壽重遭暴秦遂
以闕忘漢興制氏世掌大樂頗能紀其鏗鏘
而不能說其義武帝始定郊祀巡省告封樂
官多所增飾然非雅正故繼其條暢曰聲音
也昔皇帝使伶倫自大夏之西崑崙之陰取

竹於嶰谷生其竅厚均者斷兩節而吹之以
爲黄鍾之管制十二筩以聽鳳之鳴其雄鳴
爲六雌鳴亦爲六天地之風氣正而十二律
之五聲於是乎生八音於是乎出聲者宫商
角徵羽也音者土曰塤匏曰笙革曰鼓竹曰
管絲曰絃石曰磬金曰鐘木曰柷詩曰鶴鳴
九皋聲聞于天書八音克諧無相奪倫由是
言之聲本音末也

商

謹按劉歆鐘律書商者章也物成熟可章度也五行爲金五常爲義五事爲言凡歸爲臣

角

謹按劉歆鐘律書角者觸也物觸地而出戴芒角也五行爲木五常爲仁五事爲貌凡歸爲民

宮

謹按劉歆鐘律書宮者中也居中央暢四方倡始施生爲四聲綱也五行爲土五常爲信

五事爲思凡歸爲君

徵

謹按劉歆鐘律書徵者祉也物盛大而繁祉也五行爲火五常爲禮五事爲視凡歸爲事

羽

謹按劉歆鐘律書羽者宇也物聚藏宇覆之也五行爲水五常爲智五事爲德凡歸爲物

故聞其宮聲使人溫潤而廣大聞其商聲使人方正而好義聞其角聲使人整齊而好禮

聞其徵聲使人惻隱而博愛聞其羽聲使人
善養而好施宮聲亂者則其君驕商聲錯者
則其臣壞角聲繆者則其民怨徵聲洪者則
其事難羽聲差者則其物亂春宮秋律百卉必
彫秋宮春律萬物必榮夏宮冬律雨雹必降
冬宮夏律雷必發聲夫音樂至重所感者大
故曰知禮樂之情者能作識禮樂之文者能
述作者之謂聖述者之謂明明聖者述作之
謂也

塤一作壎者古今字也

謹按世本暴辛公作塤詩云天之誘民如塤如篪塤燒土也圍五寸半長三寸半有四孔其二通凡爲六孔

笙

謹按世本隨作笙長四寸十二簧像鳳之身正月之音也物生故謂之笙詩云我有嘉賓鼓瑟吹笙大笙謂之巢小者謂之和

鼓

謹按易稱鼓之以雷霆聖人則之不知誰所作也鼓者郭也春分之音也萬物郭皮甲而出故謂之鼓周禮六鼓雷鼓八面路鼓四面鼖鼓晉鼓皆二面詩云擊鼓其鏜論語小子鳴鼓而攻之可也

管

謹按詩云嘒嘒管聲簫管備舉禮樂記管漆竹長一尺六孔十二月之音也物貫地而牙故謂之管尚書大傳舜之時西王母來獻其

白玉琯昔章帝時零陵文學奚景於冷道舜祠下得生白玉管知古以玉爲管後乃易之以竹耳夫以玉作音故神人和鳳皇儀也

瑟

謹按世本宓羲作八尺一寸四十五絃黃帝書泰帝使素女鼓瑟而悲帝禁不止故破其瑟爲二十五絃春秋師曠爲晉平公奏清徵之音有玄鶴二八從南方來進於廊門之扈再奏之而成列三奏之則延頸而鳴舒翼而

舞音中宮商聲聞于天平公大說坐者皆喜
平公提觴而起爲師曠壽反坐而問曰音莫
悲於清徵乎師曠曰不如清角平公曰清角
可得聞乎師曠曰不可昔黃帝駕象車交龍
畢方並轄蚩尤居前風伯進掃雨師灑道虎
狼在後虫蛇伏地大合鬼神於太山之上作
爲清角今主君德薄不足以聽之聽之將恐
有敗平公曰寡人老矣所好者音也願遂聞
之師曠不得已而鼓之一奏之有雲從西北

趙再奏之暴風亟至大雨灃沛裂帷幕破俎豆墮廊瓦几坐者散走平公恐懼伏于室側身遂疾痛晉國大旱赤地三年故曰不務德治而好五音則窮身之事也今瑟長五尺五寸非正器也

磬

謹按世本母句作磬尚書豫州錫貢磬錯詩云笙磬同音論語子擊磬於衛有荷蕢而過者曰有心哉

鐘

謹按世本垂作鐘秋分之音也詩鼓鐘于宮聲聞于外論語云樂云樂云鐘鼓云乎哉周景王將鑄大鐘單穆公諫夫先王之制鐘也大不出均重不過石律度量衡於是乎生小大器用於是乎出故聖人慎之今王作鐘聽之弗及比之不度鐘聲不可以知和制度不可以出節無益於樂而鮮民財將焉用之

柷

謹按禮樂記柷漆桶方畫木方三尺五寸高

尺五寸中有椎上用柷止音爲節書曰合止

柷敔笙鏞以間聲所以五者繫五行也音所

以八者繫八風也傳曰八音之變不可勝聽

也由經五藝六而其枝別葉布繁華無已也

琴

謹按世本神農作琴尚書舜彈五絃之琴歌

南風之詩而天下治詩云我有嘉賓鼓瑟鼓

琴雅琴者樂之統也與八音並行然君子所

常御者琴最親密不離於身非必陳設於宗
廟鄉黨非若鐘鼓羅列於虡懸也雖在窮閻
陋巷深山幽谷猶不失琴以爲琴之大小得
中而聲音和大聲不譁人而流漫小聲不湮
滅而不聞適足以和人意氣感人善心故琴
之爲言禁也雅之爲言正也言君子守正以
自禁也夫以正雅之聲動感正意故善心勝
邪惡禁是以古之聖人君子慎所以自感因
邪禁之適故近之間居則爲從容以致思焉

如有所窮困其道閉塞不得施行及有所通
達而用事則著之於琴以抒其意以示後人
其道行和樂而作者命其曲曰暢暢者言其
道之美暢猶不敢自安不驕不溢好禮不以
暢其意也其遇閉塞憂愁而作者命其曲曰
操操者言遇菑遭害困厄窮迫雖怨恨失意
猶守禮義不懼不懾樂道而不失其操者也
伯子牙方鼓琴鍾子期聽之而意在高山子
期曰善哉乎巍巍若太山頃之間而意在流

水鍾子又曰善哉乎湯湯若江河子期死伯牙破琴絶絃終身不復皷以爲世無足爲音者也今琴長四尺五寸法四時五行也七絃者法七星也

空篌 又坎侯

謹按漢書孝武皇帝賽南越禱祠太一后土始用樂人侯調依琴作坎坎之樂言其坎坎應節奏也侯以姓冠章耳或說空篌取其空中琴瑟皆空何獨坎侯耶斯論是也詩云坎

坎鼓我是其文也

箏

謹按禮樂記五絃筑身也今幷凉二州箏形如瑟不知誰所改作也或曰秦蒙恬所造

筑

謹按太史公記燕太子丹遣荊軻欲西刺秦王與客送之易水而設祖道高漸離擊筑荊軻和歌為濮上音士皆垂髮涕泣後為羽聲慷慨而還瞋目髮盡上指冠荊軻入秦事敗

而死漸離變名易姓為人庸保匿作於宋子久之作苦聞其家堂上客擊筑伎癢不能出言曰彼有善不善從者告其主曰彼庸乃知音竊言是非家丈人作樂召前使擊筑一坐稱美賜酒而漸離念久畏約毋窮已時乃退出裝匣中筑與其善衣更容貌而前莫不驚愕下與亢禮以爲上客使擊筑歌無不涕泣而去者宋子客傳之聞於秦始皇始皇召見人有識者乃高漸離始皇惜其善擊筑重殺

之乃矐其目使擊筑未嘗不稱善稍益近之漸離乃以鉛置筑中後進得近舉筑扑始皇不中於是遂誅

缶

謹按易稱日昃之離不鼓缶而歌詩云坎其擊缶宛丘之道缶者瓦器所以盛漿秦人鼓之以節歌太史公記趙惠文王與秦昭王會於澠池秦王飲酒酣曰寡人竊聞趙王好音請奏瑟趙王鼓瑟秦御史前曰某日秦王與

趙王會飲令趙王鼓瑟藺相如前曰竊聞秦王善為秦聲請奏缶以相樂秦王怒不許於是相如進曰五步之內相如請得以頸血濺大王矣左右欲刃相如張目叱之皆靡於是秦王不懌為一擊缶相如顧召御史書曰秦王為趙王擊缶也

笛 同篴

謹按樂記武帝時丘仲之所作也笛者滌也所以蕩滌邪穢納之於雅正也長二尺四寸

七孔其後又有羌笛馬融笛賦曰近世雙笛
從羌起羌人伐竹未及已龍鳴水中不見後
截竹吹之音相似剡其上孔通洞之村以當
搉便易特京君明賢識音律故本四孔加以
一君明所加孔後出是謂商聲五音

批把

謹按此近世樂家所作不知誰也以手批把
因以爲名長三尺五寸法天地人與五行四
絃象四時

竽

謹按禮記管三十六簧也長四尺二寸今二十三管

簧

謹按世本女媧作簧簧笙中簧也詩云吹笙鼓簧承筐是將

籥

謹按周禮籥師氏掌教國子吹籥詩云以籥不僭籥樂之器竹管三孔所以和衆聲也

篪 同䶵[illegible]

謹按世本蘇成公作篪管樂十孔長尺一寸
詩云伯氏吹塤仲氏吹篪

簫

謹按尚書舜作簫韶九成鳳凰來儀其形參
差像鳳之翼十管長一尺

籟

謹按禮樂記三孔籥也大者謂之產其中謂
之仲小者謂之箹

菰

謹按漢書舊注菰吹鞭也菰者憮也言其節憮威儀

荻

謹按漢書注荻筩也言其聲音荻荻名自定也

風俗通義聲音第六

風俗通義窮通第七

易稱懸象著明莫大乎於日月然時有昏晦
詩美滔滔江漢南北之紀然時有壅滯論語
固天縱之莫盛於聖然時有困否日月不失
其體故蔽而復明江漢不失其源故窮而復
通聖乂不失其德故廢而復興非唯聖人俾
爾亶厚夫有恒者亦允臻矣是故君子厄窮
而不閔勞辱而不苟樂天知命無怨尤焉故
録先否後喜曰窮通也

孔子困於陳蔡之間七日不嘗粒藜羹不糝
而猶絃琴於室顏回擇菜於戶外子路子貢
相與言曰夫子逐於魯削迹於衛拔樹於宋
今復見厄於此殺夫子者無罪藉夫子者不
禁夫子絃歌鼓儛未嘗絶音蓋君子之無恥
也若此乎顏淵無以對以告孔子孔子恬然
推琴喟然而嘆曰由與賜小人也召吾語之
子路與子貢入子路曰如此可謂窮矣夫子
曰由是何言也君子通於道之謂通窮於道

之謂窮今丘抱仁義之道以遭亂世之患其
何窮之爲故内省不疚於道臨難而不失其
德大寒既至霜雪既降吾是以知松柏之茂
也昔者桓公得之莒晉文公得之曹越得之
會稽陳蔡之厄於丘其幸乎自衛反魯刪詩
書定禮樂制春秋之義著素王之法復相定
公會于夾谷昭舊以正其禮抗辭以拒其侮
齊人謝過來歸鄆讙龜陰之田焉
孟軻受業於子思既通游於諸侯所言皆以

爲迂遠而闊於事情然終不屈道趣舍枉尺
以直尋嘗仕於齊位至卿後不能用孟子去
齊尹士曰不識王之不可以爲湯武則是不
明也識其不可然且至則是干祿也千里而
見王不遇故去三宿而後出晝是何濡滯也
軻曰夫尹士烏知予哉千里而見王是予所
欲也不遇故去豈予所欲哉予不得已也予
三宿而出晝於予心猶以爲速王庶幾改諸
王如改之則必反予夫出晝而王不予追也

子然後浩然有歸志魯平公駕將見孟子嬖人臧倉謂曰何哉君所謂輕身以先於匹夫者以爲賢乎樂正子曰克告於君君將爲來見也嬖人有臧倉者沮君君是以不果曰行或使之止或尼之行止非人之所能也吾不遇於魯侯天也臧氏之子焉能使予不遇哉又絕糧於鄒薛困殆甚退與萬章之徒序詩書仲尼之意作書中外十一篇以爲聖王不作諸侯恣行處士橫議楊朱墨翟之言盈於

天下天下之言不歸楊則歸墨楊氏爲我是無君也墨氏兼愛是無父也無父無君是禽獸也楊墨之道不息孔子之道不著是邪説誣民充塞仁義也仁義充塞則率獸食人人將相食也吾爲此懼閑先王之道距楊墨放淫辭正人心熄邪説以承三聖者予豈好辯哉予不得已也梁惠王復聘請之以爲上卿孫況齊威宣王之時聚天下賢士於稷下尊寵若鄒衍田駢淳于髡之屬甚衆號曰列大

夫皆世所稱咸作書刺世是時孫卿有秀才年十五始來遊學諸子之事皆以爲非先王之法也孫卿善爲詩禮易春秋至襄王時而孫卿最爲老師齊尚循列大夫之缺而孫卿三爲祭酒焉齊人或讒孫卿乃適楚楚相春申君以爲蘭陵令人或謂春申君湯以七十里文王以百里孫卿賢者也今與之百里地楚其危乎春申君謝之孫卿去之游趙應聘於秦是時七國交爭尚於權詐而孫卿守禮

義貴術籍雖見窮擯而猶不黜其志作書數十篇疾濁世之政國亂君危相屬不遵大道而營乎巫祝信禨祥蘇秦張儀以邪道說諸侯以大貴顯隨而笑之曰夫不以其道進者必不以其道士又小五伯以為仲尼之門羞稱其功後客或謂春申君曰伊尹去夏入殷殷王而夏衰管仲去魯入齊魯弱而齊彊故賢者所在君尊國安今孫況天下賢人所去之國其不安乎春申君使請孫況況遺春申

君書刺楚國因爲歌賦以遺春申君因不得
已乃行復爲蘭陵令焉
虞卿游說之士也一見趙孝成王賜黃金百
鎰白璧一雙再見拜爲上卿故號爲虞卿其
後范雎之仇魏齊亡過平原君於是秦昭王
請平原君願爲布衣之交與飲數日請曰周
文王得呂尚而以爲太公齊桓得管夷吾而
以爲仲父今范君亦寡人之叔父也范君之
仇在君之家願使人取其頭不然吾不出君

於關平原君曰貴而交者爲賤也富而友者爲貧也夫魏齊者勝之交也在固不出況今又不在臣所平昭王乃遺趙王書曰范君之仇魏齊在平原君家王使人疾持其頭來不然吾舉兵而伐趙又不出王之弟於關趙孝成王乃發卒圍平原君家急魏齊夜亡出見趙相虞卿虞卿度趙王終不可說乃解其印與魏齊閒行念諸侯莫可以赴急者乃復走大梁欲因信陵以至楚而信陵君聞之畏秦

猶與未肯見曰虞卿何如人哉時侯嬴在傍
曰人固未易知知人亦未易也夫虞卿一見
趙王賜白璧一雙黄金百斤再見拜爲上卿
三見卒受相印萬户侯當是之時天下爭知
之夫魏齊窮困過虞卿虞卿不敢重爵禄之
尊解相印捐萬户侯而間行以急士窮而歸
公子公子曰何如人知人固未易也信陵君
大慙駕如野迎之魏齊聞信陵君之初重見
之大怒而自刎趙王聞之卒取其頭與秦秦

乃遣平原君虞卿遂留於魏魏趙畏秦莫復
用困而不得意乃著書八篇號虞氏春秋焉
孟嘗君遂於齊見反譚子迎於澅曰君怨於
齊大夫乎孟嘗君曰有譚子曰如意則殺之
乎夫富貴則人争歸之貧賤則人争去之此
物之必至而理之固然也願君勿怨請以市
論朝而盈焉夕而虛焉非朝愛之而夕憎之
也求在故往亡故去孟嘗君曰謹受命於是
削所怨者名而已

韓信常從南昌亭長食數月亭長妻患之乃
晨早食食時信往不爲具食信亦知意遂絶
去釣城下有一漂母見信飢飯之竟漂數十
日信曰吾必重報母母怒曰大丈夫不能自
食吾哀王孫耳豈望報乎淮陰少年有侮信
者曰君雖姣麗好帶長劒怯耳能死刺我不
能則出我跨下於是信孰視之俛出跨下匍
匐一市人皆笑以爲信怯後佐命大漢功冠
天下封爲楚王賜所食母千金及亭長與百

錢公小人也爲德不竟召辱信之少年以爲
中尉告諸侯將相曰此人壯士也方辱我時
豈不能殺之殺之無名故忍至於此也
韓安國爲梁中大夫坐法抵罪蒙獄吏田甲
辱安國安國曰死灰獨不復燃乎田甲曰燃
則溺之居無幾梁内史缺孝景皇帝遣使者
即拜安國爲内史起徒中爲二千石田甲亡
安國曰甲不就官我滅乃宗甲肉袒謝安國
笑曰公等可與治乎卒善遇之

李廣去雲中太守屏居藍田南山中射獵常夜從一騎出飲田間還霸陵尉呵止廣廣騎曰故李將軍尉曰今將軍尚不得夜行何故也宿亭下居無何匈奴入遼西大爲邊害於是孝武皇帝乃召廣爲北平太守廣請霸陵尉與俱至軍斬之上書謝罪上報曰將軍者國之爪牙也司馬法曰登車不式遭喪不服振旅撫師以征不服率三軍之心同戰士之力故怒形則千里竦威振則萬物伏是以名

聲暴於夷貊威稜懵乎鄰國夫報忿除害捐
殘去殺朕之所圖於將軍也若乃免冠徒跣
稽顙請罪豈稱朕之指哉
太尉沛國劉矩叔方爲尚書令失將軍梁冀
意遷常山相去官冀妻兄孫禮爲沛相矩不
敢還鄉里訪友人彭城環玉都玉都素敬重
矩欲得其意喜於見歸爲除處所意氣周密
人有請玉都者禍至無日何宜爲其主乎玉
都因事遠出家人不復占問暑則鬱蒸寒則

凜凍且飢且渴如此一年矩素直亮衆談同
愁異亦舉竆辟薄爲厚上補從事中郎復爲
尚書令五卿三公爲國光鎮王都慙悔自絶
司徒中山祝恬字伯休公車徵道得溫病過
友人鄴令謝著著拒不通因載病去至汲積
六七日止客舍中諸生曰今君所苦沈結困
無醫師聞汲令好事欲往語之恬曰謝著我
舊友也尚不相見視汲令初不相知語之何
益死生命也醫藥曷爲諸生事急坐相守吉

凶莫見收舉便至寺門口白時令汝南應融義高闡之驚愕即嚴便出徑詣林蓐手自收摸對之垂涕曰伯休不世英才當爲國家幹輔人何有生相知者默止客舍不爲人所知邂逅不自貞哉家上有尊老下有弱小願相隨俱入解傳伯休辭讓融遂不聽歸取衣車厚其薦蓐躬自御之手爲丸藥口嘗饘粥身自分熱三四日間加甚劣極便制衣棺器送終之具後稍加損又謂伯休吉凶不諱憂怖

交心閒粗作備具相對悲喜宿止傳中數十
餘日伯休彊健入舍後室家酣宴乃别伯休
到拜侍中尚書僕射令豫章太守大將軍從
事中郎義高爲廬江太守八年遭母喪停柩
官舍章百餘上得聽行服未闋而恬拜司隸
薦融自代歷典五郡名冠遠近著去鄴淺薄
流聞不爲公府所取
司徒潁川韓演伯南爲丹陽太守坐從兄季
朝爲南陽太守剌探尚書演法車徵以非身

中臟疊道路聽其從容至蕭蕭令吳斌演同
歲也未至謂其賓從到蕭乃一相勞而斌内
之狴犴堅其鐶擬躬將兵馬送之出境從事
汝南閤符迎之於杼秋相得令止傳舍解其
桎梏入與相見為致餚異曰明府所在流稱
令以公徵往便原除不宜深入以介意意氣
過於所望到亦遇赦其閒無幾演為沛相斌
去官乃臨中台首辟符焉
太傅汝南陳蕃仲舉去光禄勲還到臨潁巨

陵亭從者擊亭卒數下亭長閉門收其諸生人客皆厭毒痛欲復收蕃蕃曰我故大臣有罪州郡尚當先請今約勑兒客無素幸皆坐之何謂乃欲相及相守數時會行亭掾至困乃得免時令范伯弟亦即殺其亭長蕃本召陵父梁父令別仕平輿其祖河東太守冢在召陵歲時往祠以先人所出重難解亭止諸冢舍時令劉子輿亦本凡庸不肯出候股肱爭之爾乃會其冢上蕃持板迎之長跪令徐

乃下車即坐不命去板辭意又不謙恪蕃深
忿之令去顧謂賓客平輿老夫何欲召陵令
哉不但爲諸家故耶而爲小豎子所慢孔子
曰假我數年卒其明年桓帝赫然誅五侯鄧
氏海內望風草偃子與以臟疾見彈埋於當
世矣蕃起於家爲尚書僕射太中大夫太尉
謹按尚書曰人惟求舊詩云雖有兄弟不如
友生論語又要不忘平生之言周禮九兩交
以任得民是以隋會圖其身而不遺其友鮑

叙慶其德而固推管子厥後陵遲彌已凋訛
伐木有鳥鳴之刺谷風有弃予之怨陳餘張
耳携手遯秦友猶父子及據國爭權還為豺
虎目漢所稱王貢彈冠蕭朱結綬博育後隙
其終始以交為難況客悅偶合而能申固其
好者哉故長平之吏移於冠軍魏其之客移
於武安鄭當汲黯亦旋復然翟公疾之乃書
其門一死一生乃知交情一貴一賤交情乃
見自古患焉非直今也韓信寵秩出跨下之

人斯難能也安國不念舊惡合禮中平李廣因廢歸忿非義之理宣尼壁陳皆降而復升兼濟天下唯虞卿逼於彊秦獨善其身纘述篇籍垂訓後昆昔子夏心戰則癯道勝如肥何必高位豐爵以為懿也

風俗通義窮通第七

風俗通義祀典第八

禮天子祭天地山川歲徧春秋國語凡禘郊宗祖報此五者國之典禮加之以社稷山川之神皆有功烈於民者也及前哲令德之人所以爲質者也及天之三辰所昭仰也地之五行所生殖也九州名山川澤所出財用也非是族也不在祀典禮矣論語非其鬼而祭之諂也又曰淫祀無福是以泰山不享季氏之旅而易美西鄰之禴祭蓋重祀而不貴牲

敬實而不求華也自高祖受命郊祀祈望世有所增武帝尤敬鬼神于時盛矣至平帝時天地六宗已下及諸小神凡千七百所今營寓夷泯宰器闕亡蓋物盛則衰自然之道天其或者欲反本也故記敘神物曰祀典也

先農

謹按春秋左氏傳曰夏四月三卜郊不從乃免牲孟獻子曰吾乃今而知有卜筮夫郊祀后稷以祈農事也是故啓蟄而郊郊而後耕

令既耕而卜郊宜其不從也周四月令二月也先農之時也孝文帝二年正月詔曰農者天下之本其開籍田朕躬帥耕以給宗廟粢盛令民閒名曰田官古者使民如借故曰籍田

社神

孝經說社者土地之主土地廣博不可徧敬故封土以爲社而祀之報功也周禮說二十五家置一社但爲田祖報求詩云乃立冢土

又曰以御田祖以祈甘雨
謹按春秋左氏傳曰共工有子曰勾龍佐顓
頊能平九土爲后土故封爲上公祀以爲社
非地祇

稷神

孝經說稷者五穀之長五穀衆多不可徧祭
故立稷而祭之
謹按春秋左氏傳有烈山氏之子曰柱能殖
百穀疏果故立以爲稷正也周棄亦以爲稷

正也周棄亦以為稷自商以來祀之禮緣生以事死故社稷人祀之也則祭稷穀不得稷米稷反自食也而邾文公用繒子于次睢之社司馬子魚諫曰古者六畜不相爲用祭以為人也民人神之主也用人其誰享之詩云吉日庚午既伯既禱豈復殺馬以祭馬乎孝經之說於斯悖矣米之神爲稷故以癸未日祠稷於西南水勝火爲金相也

靈星

俗說縣令問主簿靈星在城東南何法主簿仰荅曰唯靈星所以在東南者亦不知也

漢書郊祀志高祖五年初置靈星祀后稷也歐爵歎揚田農之事也

謹按祀典既以立稷又有先農無爲靈星復祀后稷也左中郎將賈逵說以爲龍第三有天田星靈者神也故祀以報功辰之神爲靈星故以壬辰日祀靈星於東南金勝木爲土相

竈神

禮器記曰臧文仲安知禮燔柴於竈竈者老婦之祭也故盛於盆尊於瓶

周禮說顓頊氏有子曰黎爲祝融祀以爲竈神

謹按明堂月令孟冬之月其祀竈也五祀之神王者所祭古之神聖有功德於民非老婦也漢記南陽陰子方積恩好施喜祀竈臘日晨炊而竈神見再拜受神時有黃羊因以祀

之其孫識執金吾封原鹿侯興衛尉鮦陽侯
家凡二侯牧守數十其後子孫常以臘日祀
竈以黃羊

風伯

楚辭說後飛廉使奔屬飛廉風伯也
謹按周禮以禋燎祀風師風師者箕星也箕
主簸揚能致風氣易巽爲長女也長者伯故
曰風伯鼓之以雷霆潤之以風雨養成萬物
有功於人王者祀以報功也戌之神爲風伯

故以丙戌日祠於西北火勝金爲木相也

雨師

春秋左氏傳說共工之子爲玄冥師鄭大夫子產禳於玄冥雨師也

謹按周禮以槱燎祀雨師雨師者畢星也詩云月離于畢俾滂沱矣易師封也土中之衆者莫若水衆者師也雷震百里風亦如之至於太山不崇朝而徧雨天下異於雷風其德散大故雨獨稱師也丑之神爲雨師故以己

丑日祀雨師於東北土勝水爲火相也

桃梗　葦茭　畫虎

謹按黄帝書上古之時有荼與鬱壘昆弟二人性能執鬼度朔山上章桃樹下簡閱百鬼無道理妄爲人禍害荼與鬱壘縛以葦索執以食虎於是縣官常以臘除夕飾桃人垂葦茭畫虎於門皆追效於前事冀以衛凶也桃梗梗者更也歲終更始受介祉也戰國策孫語孟嘗君將西入秦諫者千數而弗聽蘇秦

欲止之曰臣之來也過於淄上有土偶人焉
與桃梗相與語謂土偶人曰子西岸之土也
埏子以爲人至歲八月天霖雨淄水至則子
殘矣曰不然吾西岸之土也殘則復西岸耳
今子東國桃木也削子以爲人隆雨下淄水
至洪子而汎汎將何如矣夫秦四塞之國譬
若虎口而入之則不知其可孟嘗乃止春秋
左氏傳曰魯襄公朝楚會楚康王卒楚人使
公親襚公患之叔孫穆叔曰祓殯而襚則布

帛也乃使巫以桃茢先祓殯楚人弗禁旣而
悔之古者日在北陸而藏冰深山窮谷其藏
之也黑牡秬黍以享司寒其出之也桃弧棘
矢以除其災也葦茭傳曰萑葦有藂呂氏春
秋湯始得伊尹祓之於廟薰以萑葦周禮鄉
大夫之子名曰門子論語誰能出不由戶故
用葦者欲人子孫蕃殖不失其類有如萑葦
茭者交易陰陽代興也虎者陽物百獸之長
也能執搏挫鋭噬食鬼魅今人卒得惡遇燒

悟虎皮飲之擊其爪亦能辟惡此其驗也

雄雞

俗說雞鳴將旦爲人起居門亦昏閉晨開扞難守固禮貴報功故門戶用雞也

青史子書說雞者東方之牲也歲終更始辨秩東作萬物觸戶而出故以雞祀祭也

太史丞鄧平說臘者所以迎刑送德也大寒至常恐陰勝故以戌日臘戌者溫氣也用其氣日殺雞以謝刑德雄著門雌著戶以和陰

陽調寒配水節風雨也
謹按春秋左氏傳周大夫賓孟適郊見雄雞自斷其尾歸以告景王曰憚其為犧也山海經曰祠鬼神皆以雄雞魯郊祀常以丹雞祀日以其朝聲赤羽去魯侯之咎今人卒得鬼刺痱悟殺雄雞以傳其心上病賊風者作雞散東門雞頭可以治蠱由此言之雞主以禦死辟惡也

殺狗磔邑四門

俗說狗別賓主善守禦故著四門以辟盜賊也

謹按月令九門磔禳以畢春氣蓋天子之城十有二門東方三門生氣之門也不欲使死物見於生門故獨於九門殺犬磔禳犬者金畜禳者却也抑金使不害春之時所生令萬物遂成其性火當受而長之故曰以畢春氣功成而退木行終也

太史公記秦德公始殺狗磔邑四門以禦蠱

畱今人殺白犬以血題門戶正月白犬血辟除不祥取法於此也

膢

謹按韓子書山居谷汲者膢臘而買水楚俗常以十二月祭飲食也又曰嘗新始殺也食新曰貙膢

臘

謹按禮傳夏曰嘉平殷曰清祀周曰大蜡漢改爲臘臘者獵也言田獵取獸以祭祀其先

祖也或曰臘者接也新故交接故大祭以報
功也漢家火行衰於戌故曰臘也

祖

謹按禮傳共工之子曰脩好遠遊舟車所至
足跡所達靡不窮覽故祀以爲祖神祖者徂
也詩云韓侯出祖清酒百壺左氏傳襄公將
適楚夢周公祖而遣之是其事也詩云吉日
庚午漢家盛於午故以午祖也

禊

謹按周禮男巫掌望祀望衍旁招以茅女巫掌歲時以祓除釁浴禊者潔也春者蠢也蠢蠢搖動也尚書以殷仲春厥民析言人解療生疾之時故於水上釁潔之也巳者祉也邪疾巳去祈分祉也

司命

謹按詩云芃芃棫樸薪之槱之周禮槱燎司中司命文昌也司中文昌上六星也槱者積薪燔柴也今民間獨祀司命耳刻木長尺二

寸爲人像行者檐篋中居者别作小屋齊天
地大尊重之汝南餘郡亦多有皆祠以臘率
以春秋之月

風俗通義祀典第八

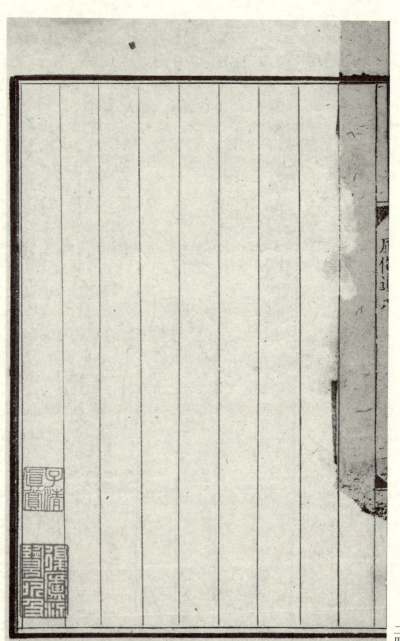

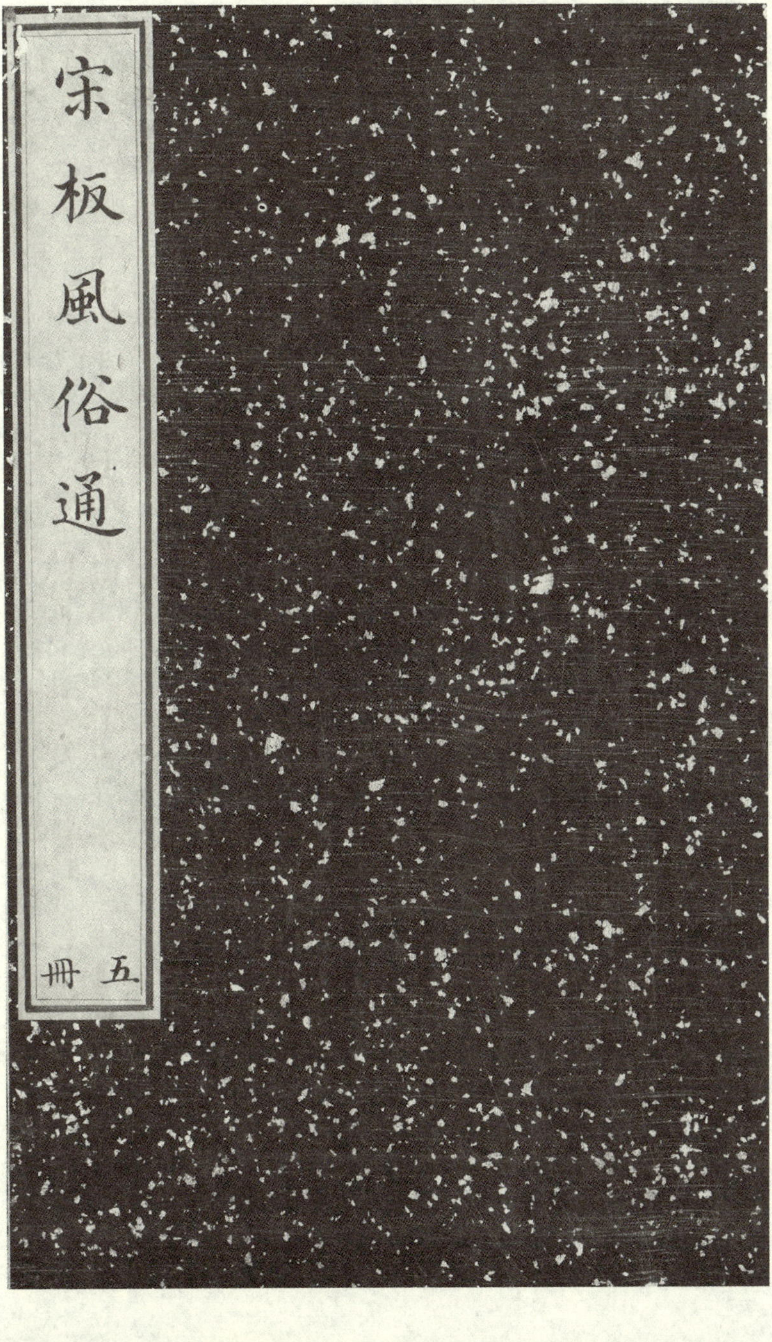
宋板風俗通
五冊

風俗通義怪神第九

禮天子祭天地五嶽四瀆諸侯不過其望也大夫五祀士門戶庶人祖蓋非其鬼而祭之諂也又曰淫祀無福是以隱公將祭鍾巫遇賊蔿氏二世欲解滛神閻樂劫弒仲尼不許子路之禱而消息之節平荀罃不從桑林之祟而晉侯之疾閒由是觀之則淫躁而畏者災自取之厥咎響應反誠據義內省不疚者物莫能動禍轉為福矣傳曰神者申也怪者

髮也孔子稱土之怪為墳羊論語子不語怪
力亂神故采其見著者曰怪神也
世間多有見怪驚怖以自傷者
謹按管子書齊公出於澤見衣紫衣大如轂
長如轅拱手而立還歸寢疾數月不出有皇
士者見公語驚曰物惡能傷公公自傷也此
所謂澤神委虵者也唯霸主乃得見之於是
桓公欣然笑不終日而病愈予之祖父郴為
汲令以夏至日詣見主簿杜宣賜酒時北壁

上有懸赤弩照於柸形如虵宣畏惡之然不
敢不飲其日便得胸腹痛切妨損飲食大用
羸露攻治萬端不爲愈後郴因事過至宣家
闚視問其變故云畏此蛇虵入腹中郴還聽
事思惟良久顧見懸弩必是也則使門下史
將鈴下侍徐扶輦載宣於故處設酒盃中故
復有虵因謂宣此壁上弩影耳非有他怪宣
遂解甚夷懌由是瘳平官至尚書歷四郡有
威名焉

世間多有惡夢變難必效

謹按晏子春秋齊景公病水十日夜夢與二日鬬而不勝晏子朝公曰吾夢與二日鬬寡人不勝我其死也晏子對曰請召占夢者立於閨使以車迎召占夢者至曰曷為見召晏子曰公夢與二日鬬不勝恐必死也占夢者曰請反具書晏子曰無反書公無所病病者陰也日者陽也一陰不勝二陽公病將已居三日公病大愈且賜占夢者曰此非臣之功

也晏子教臣對也公召晏子將賜之晏子曰
占夢者以臣之言對故有益也使臣身言之
則不信矣此占夢者之力也臣無功焉公召
吏而使兩賜之晏子不爲奪人之功占夢者
不蔽人之能

城陽景王祠

謹按漢書朱虚侯劉章齊悼惠王子高祖孫
也宿衞長安年二十有氣力高后攝政諸呂
擅恣章私忿之嘗入侍宴飲章爲酒吏自請

曰臣將種也請得軍法行酒有詔可酒酣章
進歌舞已而復曰請為太后耕田歌太后笑
曰顧汝父知田耳若生而為王者子安知田
乎曰臣知之深耕廣種立苗欲疏非其種者
鉏而去之太后默然頃之諸呂有亡酒者章
拔劒追斬之而還報曰有亡酒一人臣謹行
軍法斬之太后左右大驚業許之矣無以罪
也自是諸呂畏憚雖大臣亦皆依之高后崩
諸呂作亂欲危社稷章與周勃共誅滅之尊

立文帝封城陽王賜黃金千斤立二年薨城陽今莒縣是也自琅琊青州六郡及渤海都邑鄉亭聚落皆爲立祠造飾五二千石車商人次第為之立服帶綬備置官屬烹殺謳歌紛籍連日轉相誑曜言有神明其譴問禍福立應歷載彌久莫之匡糾唯樂安太傅陳蕃濟南相曹操一切禁絕肅然政清陳曹之后稍復如故安有鬼神能為病者哉予爲營陵令以為章本封朱虛并食此縣春秋國語以

勞定國能御大災凡在於他尚列祀典章親
髙祖之孫進說耕田軍法行酒時固有大志
矣及誅諸呂尊立太宗功冠天下社稷已寧
同姓如此功烈如彼餘郡禁之可也朱虛與
莒宜常血食於是乃移書曰到聞此俗舊多
淫祀靡財妨農長亂積惑其後可忿其愚可
愍昔仲尼不許子路之禱晉悼不解桑林之
祟死生有命吉凶由人哀哉黔黎漸染迷謬
豈樂也哉莫之徵耳今條下禁申約吏民為

陳利害其有犯者便收朝廷若私遺脫彌彌
不紀主者髡截歎無反已城陽景王縣甚尊
之惟王弱冠內侍帷幄呂氏恣睢將危漢室
獨見先識權發酒令抑邪扶正忠義洪毅其
歆禋祀禮亦宜之於駕乘烹殺倡優男女雜
錯是何謂也三邊分弩師老器弊朝廷旰食
百姓囂然禮典在有年饑則損自今聽歲再
祀備物而已不得殺牛遠迎他倡賦會宗落
造設紛華方廡察之明為身計而復僭失罰

與上同明除見處勿後中覺

九江逡遒有唐居山名有神衆巫共為取公嫗歲易男不得復娶女不得復嫁百姓苦之

謹按時太守宋均到官主者白出錢給聘男子女均曰衆巫與神合契知其旨欲卒取小民不相當於是勑條巫家男女以備公嫗巫扣頭服罪乃殺之是後遂絕

會稽俗多淫祀好卜筮民一以牛祭

巫祝賦歛受謝民畏其口懼被祟不敢拒逆是以財盡於鬼神產匱於祭祀或貧家不能以時祀至竟言不敢食牛害或發病且死先為牛鳴其畏懼如此

謹按時太守司空第五倫到官先禁絕之掾吏皆諫倫曰夫建功立事在敢斷為政當信經義言淫祀無福非其鬼而祭之諂也律不得屠殺少齒令鬼神有知不妄飲食民間使

其無知又何能禍人遂移書屬縣曉諭百姓民不得有出門之祀督課部吏張設罪罰犯尉以下坐祀依託鬼神恐怖愚民皆按論之有屠生輒行罰民初恐怖頗搖動不安或接祝妄言倫勑之愈急后遂斷無復有禍祟矣

鮑君神

謹按汝南鮦陽有於田得麐者其主未往取也商車十餘乘經澤中行望見此麐著繩因持去念其不事持一鮑魚置其處有頃其主

牲不見所得麏若反見鮑君澤中非人道路怪其如是大以為神轉相告語治病求福多有效驗因為起祀舍衆巫數十帷帳鍾鼓方數百里皆來禱祀號鮑君神其後數年鮑魚主來歷祠下尋問其故曰此我魚也當有何神上堂取之遂從此壞傳曰物之所聚斯有神言人共獎成之耳

李君神

謹按汝南南頓張助於田中種禾見李核意

欲持去顧見空桑中有土因殖種以餘漿溉
灌後人見桑中反復生李轉相告語有病目
痛者息陰下言李君令我目愈謝以一豚目
痛小疾亦行自愈衆犬吠聲因盲者得視遠
近翕赫其下車騎常數千百酒肉滂沲間一
歲餘張助遠出來還見之驚云此有何神乃
我所種耳因就斮也

石賢士神

謹按汝南汝陽彭氏墓路頭立一石人在石

獸後田家老母到市買數片餌暑熱行疲頓息石人下小瞑遺一片餌去忽不自覺行道人有見者時客適會問因有是餌客聊謂之石人能治病愈者來謝之轉語頭痛者摩石人頭腹痛者摩其腹亦還自摩他處於此凡人病自愈者因言得其福力號曰賢士輜輦轂擊帷帳絳天絲竹之音聞數十里尉部常往護視數年亦自歇沫復其故矣

世間多有亡人魄持其家語聲氣所

說良是

謹按陳國張漢直到南陽從京兆尹延叔堅讀左氏傳行後數月鬼物持其女弟言我痛死喪在陌上常苦飢寒操一量不借挂柴後昔上傳子方送我五百錢在北墉中皆亡取之又李幼一頭牛本券在書篋中往求索之悉如其言婦尚不知有此女新從聟家來非其所受人哀傷益以爲審父母諸弟衰經到來迎喪去精舍數里遇漢直與諸生十餘人

相追漢直顧見其家恠其如此家見漢直謂其鬼也惝惘良久漢直乃前爲父拜說其本末且悲且喜凡所聞見若此非一夫死者澌也鬼者歸也精氣消越骨肉歸于土也夏后氏用明器殷人用祭器周人兼用之視民疑也子貢問孔子死者其有知乎曰賜爾死自知之由未晚也董無心云杜伯死親射宣王於鎬京子以爲桀紂所殺足以成軍可不湏湯武之衆古事既察且復以今驗之人相唉

食甚於畜生凡藁肝鱉瘕尚能病人人用物精多有生之最靈者也何不芥蔕於其胷腹而割裂之哉猶死者無知審者矣而時有漢直爲狗鼠之所爲

世間亡者多有見神語言飲食其家信以爲是益用悲傷

謹按司空南陽來季德停喪在殯忽然坐祭牀上顏色服飾聲氣熟是也孫兒婦女以次教誡事有條貫鞭撻奴婢皆得其過飲食飽

蒲辭訣而去家人大哀剝斷絕如是三四家
益厭苦其後飲醉形壞但得老狗便朴殺之
推問里頭沽酒家狗

世間多有狗作變怪朴殺之以血塗

門户然衆得咎殃

謹按桂陽太守汝南李叔堅少時爲從事在
家狗人立行家言當殺之叔堅云犬馬諭君
子狗見人行效之何傷叔堅見縣令還解冠
榻上狗戴持走家大驚時復云誤觸冠冠纓

桂著之耳狗於竈前畜火家益怔忪復云兒婢皆在田中狗助蓄火幸可不煩鄰里此有何惡里中相罵不言無狗怪遂不肯殺後數日狗自暴死卒無纖介之異叔堅辟太尉掾固陵長原武令終享大位子條蜀郡都尉威龍司徒掾凡變恠皆婦女下賤何者小人愚而善畏欲信其說類復裨增文人亦不證察與俱悼懾邪氣承虛故速咎證易曰其亡斯自取災若叔堅者心固於金石妖至而不懼

自求多福壯矣乎
昔晉文公出獵見大蛇高如隄其長竟路文
公曰天子見妖則修德諸侯修政大夫修宮
士修身乃即齋館忘食與寢請廟曰孤犧牲
瘯蠡幣帛不厚罪一也遊逸無度不卹國政
罪二也賦役重數刑罰慄剋罪三也有三罪
矣敢逃死乎其夜守蛇吏夢天殺蛇曰何故
當聖君道為及明視之則已臭爛
武帝時迷於鬼神尤信越巫董仲舒數以為

言武帝欲驗其道令巫詛仲舒仲舒朝服南面誦詠經論不能傷害而巫者忽死

世間多有精物妖怪百端

謹按魯相右扶風臧仲英爲侍御史家人作食設按欻有不清塵土投汚之炊臨熟不知釜處兵弩自行火從篋籠中起衣物燒盡而籠故完婦女婢使悉亡其鏡數日堂下擲庭中有人聲言汝鏡女孫年三四歲亡之求不能得二三日乃於清中糞下啼若此非一汝

南有許季山者素善卜卦言家當有老青狗物内中婉御者益喜與爲之誠欲絶殺此狗遣益喜歸鄉里皆如其言因斷無纖介仲英遷太尉長史

汝南汝陽西門亭有鬼魅賓客宿止有死亡其厲猒者皆亡髮失精尋問其故云先時頗已有恠物其後郡侍奉掾宜禄鄭奇來去亭六七里有一端正婦人乞得寄載奇初難之然後上車入亭趨至樓下吏卒檄白樓不可

上云我不惡也時亦昏冥遂上樓與婦人棲
宿未明發去亭卒上樓掃除見死婦大驚走
白亭長亭長擊鼓會諸廬吏共集診之乃亭
西北八里吳氏婦新亡以夜臨殯火滅火至
失之家即持去奇發行數里腹痛到新頓利
陽亭加劇物故樓遂無敢復上
謹按北部督郵西平到伯夷年三十所大有
才決長沙太守到若章孫也日晡時到亭勑
前導人錄事掾白今尚早可至前亭曰欲作

文書便留吏卒惶怖言當解去傳云督郵欲於樓上觀望亟掃除須臾便上未冥樓鐙階下復有火勑我思道不可見火滅去吏知必有變當用赴照但藏置壺中耳既冥整服坐誦六甲孝經易本訖卧有頃更轉東首以拏巾結兩足幘冠之密拔劒解帶夜時有正黑者四五尺稍高走至柱屋因覆伯夷持被掩足跣脫幾失再三徐以劒帶擊魅脚呼下火上照視老狸正赤略無衣毛持下燒殺明旦

發樓屋得所髡人結百餘因從此絶伯夷舉
孝廉益陽長楚辭云鱉令尸亡泝江而上到
崏山下蘇起蜀人神之尊立爲王漢淮陽太
守尹齊其治嚴酷死未及殮怨家欲燒之尸
亦飛去見於書傳樓上新婦豈虛也哉
世間多有伐木血出以爲恠者
謹按桂陽太守江夏張遼叔高去鄢令家居
買田田中有大樹十餘圍扶疏蓋數畝地播
不生穀遣客伐之木中血出客驚怖歸具事

白叔高大怒老樹汁出此何等血因自嚴行復斫之血大流灑叔高使先斫其枝上有一空處白頭公可長四五尺忽出往赴叔高高乃逆格之凡殺四頭左右皆怖伏地而叔高恬如也徐熟視非人非獸也遂伐其木其年同司空辟侍御史兖州刺史以二千石之尊過鄉里薦祝祖考白日繡衣榮羨如此其禍安居春秋國語曰木石之恠夔魍魎物惡能害人乎

世間多〻有虵作恠者

謹按車騎將軍巴郡馮緄鴻卿爲議郎發綬笥有二赤虵可長二尺分南北走大用憂怖許季山孫字寧方得其先人秘要緄請使卜云君後三歲當爲邊將東北四五里官以東爲名復五年爲大將軍南征此吉祥鴻卿意威名觧實應且慼居無幾拜尚書遼東太守廷尉太常會武陵蠻夷黄高攻燒南郡鴻卿以威名素著選登亞將統六師之任奮虓虎

之勢後爲屯騎校尉將作大匠河南尹復再臨理官紀數方面如寧方之言春秋外蛇與内蛇鬭文帝時亦復有此傳志著其云爲而鴻卿獨以終吉豈所謂或得神以昌乎

世間人家多有見赤白光爲變恠者

謹按太尉梁國橋玄公祖爲司徒長史五月末所於中門外卧夜半後見東壁正白如開門明呼閤左右左右莫見因起自往手収莫之壁自如故還牀復見之心大悸動其旦予

適往候之語次相告因爲說鄉人有董彥輿者即許季山外孫也其探賾索隱窮神知化雖眭孟京房無以過也然天性褊狹羞於卜術閭來候師王叔茂請起往迎須臾便與俱還公祖虛禮盛饌下席行觴彥輿自陳下士諸生無他異分幣重言甘誠有踧踖頗能別者願得從事公祖辭讓再三爾乃聽之曰府君當有恠白光如門明者然不爲害也六月上旬雞鳴時南家哭聲吉也到秋節遷北行

[illegible]以金爲名位至將軍三公公祖曰恠異如此救族不暇何能致望於所不圖此相饒耳到六月九日未明太尉楊秉暴薨七月二日拜鉅鹿太守鉅邊有金後爲度遼將軍歷登三事今妖見此而應在彼猶趙鞅夢童子裸歌而吳入郢也

風俗通義恠神第九

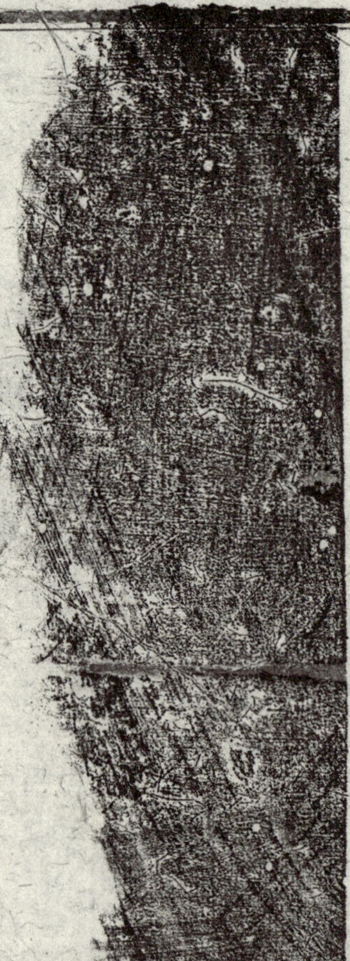

風俗通義山澤第十

孝經曰聖不獨立智不獨治神不過天地同靈造虛由立五嶽設三台傳曰五嶽視三公四瀆視諸侯其餘或伯或子男大小爲差尚書咸秩無文王者報功以次秩之無有文也易稱山澤通氣禮名山大澤不以封諸侯故積其類曰山澤也

五嶽

東方泰山詩云泰山巖巖魯邦所瞻尊曰岱

宗岱者長也萬物之始陰陽交代雲觸石而出膚寸而合不崇朝而徧雨天下其惟泰山乎故爲五嶽之長王者受命易姓改制應天功成封禪以告天地孔子曰封泰山禪梁父可得而數七十有二岱宗廟在博縣西北三十里山虞長守之十月日合凍臘月日涸凍正月日解凍皆太守自侍祠若有穢疾代行事法七十萬五千三牲燔柴上福脯三十朐縣次傳送京師四嶽皆王同禮南方衡山一

名霍霍者萬物盛長垂枝布葉霍然而大廟
在廬江灊縣西方崋山崋者華也萬物滋熟
變華於西方也廟在弘農崋陰縣北方恒山
恒者常也萬物伏藏於北方有常也廟在中
山上曲陽縣中央曰嵩高嵩者高也詩云嵩
高惟嶽峻極于天廟在潁川陽城縣
謹按尚書歲二月東廵狩至于岱宗柴岱宗
泰山也望秩于山川遂見東后東后諸侯也
合時月正日同律度量衡修五禮五玉三帛

二牲一死贄五月南巡狩至于南嶽南嶽衡
山也八月西巡狩至于西嶽西嶽華山也十
二月北巡狩至于北嶽北嶽恒山也皆如岱
宗之禮中嶽嵩高也王者所居故不巡焉巡者
循也狩者守也道德太平恐遠不同化幽隱
有不得所者故自親行之也所以五載一出
者蓋五歲再閏天道大備嶽者埆功考德黜
陟幽明也

四瀆

河出燉煌塞外崑崙山發源注海易河出圖
聖人則之禹貢九河既道詩曰河水洋洋廟
在河南滎陽縣河隄謁者掌四瀆禮祠與五
嶽同江出蜀郡湔流互徼外崏山入海詩云
江漢陶陶禹貢江漢朝宗于海廟在廣陵江
都縣淮出南陽平氏桐栢大復山東南入海
禹貢海岱及淮淮沂其乂詩云淮水湯湯廟
在平氏縣濟出常山房子贊皇山東入沮禹
貢浮于汶達于濟廟在東郡臨邑縣

謹按尚書大傳禮三正記江河淮濟爲四瀆瀆者通也所以通中國垢濁民陵居殖五穀也江者貢也珍物可貢獻也河者播爲九流出龍圖也淮者均均其務也濟者齊齊其度量也

林

謹按詩云殷商之旅其會如林傳曰山林之士往而不能反禮祀將至泰山必先有事於配林林樹木之所聚生也今配林在泰山西

南五六里予前臨郡因侍祀之行故往觀之
樹木蓋不足言猶七八百載間有衰索乎

麓

謹按尚書堯禪舜納于大麓麓林屬於山者
也春秋沙麓崩傳曰麓者山足也詩云瞻彼
旱麓易稱即鹿無虞以從禽也

京

謹按爾雅丘之絶高大者爲京謂非人力所
能成乃天地性自然也春秋左氏傳莫之與

京國語趙文子與叔向游於九京今京兆京
師其義取於此

陵

謹按詩云如山如陵易曰伏戎于莽升其高
陵又天險不可升地險山川丘陵春秋左氏
傳曰殽有二陵其南陵夏后皐之墓也其北
陵文王之所避風雨也殽在弘農澠池縣其
語曰東殽西殽澠池所高國語周單子會晉
厲公於加陵爾雅曰陵莫大於加陵言其獨

高厲也陵有天性自然者今王公墳壠各稱陵也

丘

謹按尚書民乃降丘度土堯遭洪水萬民皆山棲巢居以避其害禹決江疏河民乃下丘營度爽塏之場而邑落之故丘之字二人立一上一者地也四方高中央下像形也詩云至于頓丘宛丘之下論語他人之賢丘陵也爾雅曰天下有名丘五其三在河南二在河

丘

墟

謹按尚書舜生姚墟傳曰郭氏之墟墟者虚也郭氏古之諸侯善善不能用惡惡不能去故善人怨焉惡人存焉是以敗爲丘墟也今故廬居處高下者亦名爲墟姚墟在濟陰城陽縣帝顓頊之墟闕伯之墟是也

阜

謹按詩云如山如阜春秋左氏傳魯公伯禽

宅曲阜之地阜者茂也言平地隆踊不屬於山陵也今曲阜在魯城中委曲長七八里雒北芒坂即爲阜也

培

謹按春秋左氏傳培塿無松栢言其卑小部者阜之類也今齊魯之間田中少高卬名之爲部矣

藪

謹按爾雅藪者澤也藪之爲言厚也草木魚

藪所以厚養人君與百姓也魯有泰野晉有泰陸秦有陽紆宋有孟諸楚有雲夢吳有具區齊有海隅燕有昭餘祁鄭有圃田周有焦漢濩今漢有九州之藪楊州曰具區在吳縣之西荆州曰雲夢在華容縣南今有雲夢長掌之豫州曰圃田在中牟縣西青州曰孟諸不知在何處兖州曰大野在鉅鹿縣北雍州曰弦蒲在汧縣北蒲谷亭幽州曰奚養在虎縣東冀州曰泰陸在鉅鹿縣西北幷州曰昭

餘祁在鄢縣北其一藪推求未得其處尚書紂爲逋逃淵藪春秋左氏傳曰山藪藏疾又曰藪之薪蒸虞候守之是也

澤

謹按尚書雷夏既澤詩云彼澤之陂有蒲與荷傳曰水草交厝名之爲澤澤者言其潤澤萬物以阜民用也春秋左氏傳曰澤之莞蒲舟鮫守之韓詩內傳舜漁雷澤雷澤在濟陰城陽縣

沉

謹按傳曰沉者莽也言其平望莽莽無涯際也沉澤之無水斥鹵之類也今俗語亦曰沉澤

沛

謹按尚書春秋公羊傳齊景公猶海而東師大陷沛澤之中左氏傳齊景田于沛招虞人以弓傳曰送逸禽之超大沛沛者草木之蔽茂禽獸之所蔽匿也

湖

謹按春秋國語伍子胥諫吳王與我爭五湖之利非越乎及越滅吳范蠡乘扁舟於五湖湖者言流瀆四面所猥也川澤所仰以漑灌也今廬江臨丹陽蕪湖縣是也

陂

謹按傳曰陂者繁也言因下鍾水以繁利萬物也今陂皆以漑灌今汝南富陂縣是也

渠

謹按傳曰渠者水所居也秦時韓人鄭國穿渠孝武帝時趙中大夫白公復穿渠故其語曰田於何所池陽谷口鄭國在前白渠起後舉鍤爲雲決渠爲雨涇水一石其泥數斗且溉且糞長我稷黍衣食京師數百萬口又鄭當時穿渠以利漕道若此非一官民俱賴其饒焉

溝

謹按周禮溝者溝也廣四尺深四尺漢書高

祖與項羽要割鴻溝以東為楚是也鴻溝在
滎陽縣

洫

謹按周禮十里為成成間廣八尺深八尺故
謂之洫論語曰禹盡力乎溝洫

風俗通義山澤第十